하나님 마음으로 배우는

이스라엘

Learning
Israel through
Father's Heart

차례

제1과   이스라엘의 재탄생   4
         1. 이스라엘의 회복   4
         2. 언약의 백성 이스라엘   7

제2과   하나님의 비밀 이스라엘   12
         1. 로마서를 통해 본 이스라엘의 구원   12
         2. 이스라엘 회복의 중요성   18
         3. 이스라엘의 회복을 바라본 자들   20

제3과   유대인이 예수님을 믿지 못하는 이유는?   24
         1. 교회안의 유대적 유산   24
         2. 유대인의 핍박과 고난   27
         3. 유대교의 반기독교적인 가르침과 왜곡   33

제4과   이스라엘 선교와 메시아닉 교회   35
         1. 이스라엘 선교   35
         2. 메시아닉 교회   38

제5과   우리가 해야 할 일은 무엇인가?   46
         1. 이스라엘을 향한 하나님의 마음   46
         2. 기도의 기초는 하나님의 약속이다   48

Appendix 메시아닉 신앙 고백서 (STATEMENT OF BELIEF)   52
         참고도서   60
         KIM(Korean Israel Mission) 소개   61

제1과 **이스라엘의 재탄생**

1. 이스라엘의 회복

성경은 예수님이 다시 오시기 위해 두 가지 조건이 충족되어야 한다고 말한다. 그 두 가지 조건은 다음과 같다.

첫째, 유대인들이 예수님을 메시아로 인정하게 되는 것이다.

> "내가 너희에게 이르노니 이제부터 너희는 찬송하리로다 주의 이름으로 오시는 이여 할 때까지 나를 보지 못하리라 하시니라" 마 23:39

둘째 천국 복음이 모든 민족에게 증거 되는 것이다.

> "이 천국 복음이 모든 민족에게 증거되기 위하여 온 세상에 전파되리니 그제야 끝 이 오리라" 마 24:14

A. 이스라엘 국가의 회복

인류 역사 가운데 가장 역사적인 사건 중 하나는 이천 년간 나라를 잃고 방황하던 이스라엘이 20세기에 나라를 다시 건설한 일이다. 이 사건은 크게 디아스포라 (Diaspora)와 알리야(Aliya) 과정으로 요약을 할 수 있다.

a. 디아스포라(Diaspora)

이스라엘은 우상숭배와 하나님께 대한 불순종으로 인해 AD 70년 로마 장군 티투스에 의하여 예루살렘이 함락되고 성전이 파괴되었다. 그 후 1948년 독립국가로 태어나기 전까지 전 세계에 흩어져서 떠돌이 생활을 하게 되었다. 성경은 '하나님이 열방 중에 이스라엘을 흩으신다' 라고 말하고 있다. 그 말씀대로 유대인들은 약 이천 년 동안 다른 나라들에 흩어져서 디아스포라로 살아왔다.

> "네가 만일 이 책에 기록한 이 율법의 모든 말씀을 지켜 행하지 아니하고 네 하나님 여호와라 하는 영화롭고 두려운 이름을 경외하지 아니하면… 너희가 들어가 얻는 땅에서 뽑힐 것이요… 너를 땅 이 끝에서 저 끝까지 만민 중에 흩으시리니"
> 신 28:58-64

> "여호와의 말씀이 또 내게 임하여 가라사대 인자야 이스라엘 족속이 그 고토에서 거할 때에 그 행위로 그 땅을 더럽혔나니… 내가 분노를 그들의 위에 쏟아 그들을 그 행위대로 심판하여 각국에 흩으며 열방에 헤쳤더니" 겔 36:16-19

> "저희가 칼날에 죽임을 당하며 모든 이방에 사로잡혀 가겠고" 눅 21:24

b. 알리야(Aliya)

알리야는 유대인들의 '이스라엘 귀환' 을 뜻하는 말로 1948년 이스라엘 독립 후 전 세계에 흩어져 있던 유대인들이 하나님이 주신 약속의 땅으로 돌아가자는 운동이다. 19세기 시오니즘(Zionism)을 전후하여 시작되었다. 이스라엘의 독립과 전 세계의 유대인들이 고토로 돌아오는 알리야와 이스라엘의 회복에 대한 성경을 살펴보면 다음과 같다.

"너는 두려워하지 말라. 내가 너와 함께하기 때문이니라. 내가 네 씨를 동쪽에서부터 데려오고 너를 서쪽에서부터 모을 것이며 내가 북쪽에게 이르기를, 내 놓으라 할 것이요, 남쪽에게 이르기를 붙잡아 두지 말라 내 아들들을 먼 곳에서 데려오고 내 딸들을 땅 끝에서 데려오리라 하리니" 사 43:5-6

"그 날에 주께서 다시 손을 펴사 그 남은 백성을 앗수르와 애굽과 바드로스와 구스와 엘람과 시날과 하맛과 바다 섬들에서 돌아오게 하실 것이라 여호와께서 열방을 향하여 기호를 세우시고 이스라엘의 쫓긴 자를 모으시며 땅 사방에서 유다의 이산한 자를 모으시리니" 사 11:11-12

1948년, 그들은 이스라엘 독립과 함께 하나님께서 주신 약속을 따라서 고토인 이스라엘로 대거 돌아오기 시작했다. 현재 이스라엘에는(2017년) 약 640만 명의 유대인들이 살고 있으며 러시아, 에티오피아, 프랑스를 포함하여 유럽, 남아프리카와 미국 등지에서 새로운 이민자들이 계속 도착하고 있다. 그로 인해 이스라엘은 세계 각국에서 귀환하는 유대인들로 인해 다양한 문화와 언어가 녹아 있는 용광로와 같은 양상을 띠고 있다.

B. 이스라엘의 영적인 회복

하나님은 에스겔 36장에서 유대인들을 그들의 죄에서 깨끗케 하고 그들에게 새 마음을 주고 그들 속에 새 영을 두겠다고 약속하셨다. 실제로 이 일이 이스라엘에서 급속히 일어나고 있음을 보고 있다. 이십년 전만 해도 메시아닉 유대인들이 그리 많지 않았지만 현재는 메시아닉 운동으로 인해 몇 년 사이에 그 수가 증가했다.

"내가 너희를 여러 나라 가운데에서 인도하여 내고 여러 민족 가운데에서 모아 데리고 고국 땅에 들어가서 맑은 물을 너희에게 뿌려서 너희로 정결하게 하되 곧 너희 모든 더러운 것에서와 모든 우상 숭배에서 너희를 정결하게 할 것이며 또 새 영을 너희 속에 두고 새 마음을 너희에게 주되 너희 육신에서 굳은 마음을 제거하고 부드러운 마음을 줄 것이며 또 내 영을 너희 속에 두어 너희로 내 율례를 행하게 하리니 너희가 내 규례를 지켜 행할지라" 겔 36:24–27

"또 내게 이르시되 너는 이 모든 뼈에게 대언하여 이르기를 너희 마른 뼈들아 여호와의 말씀을 들을지어다 주 여호와께서 이 뼈들에게 이같이 말씀하시기를 내가 생기를 너희에게 들어가게 하리니 너희가 살아나리라" 겔 37:4–5

2. 언약의 백성 이스라엘

A. 이스라엘의 부르심

a. 이스라엘은 제사장 국가로 부르심을 받았다.

"너희는 열국 중에서 내 소유가 되겠고 너희가 내게 대하여 제사장 나라가 되며 거룩한 백성이 되리라" 출 19:5–6

b. 이스라엘은 하나님의 태초부터 영원까지의 계획이 계시된 율법과 선지서 그리고 시편으로 이뤄진 성경을 받았고 보존하는 부르심을 받았다.

"그가 그의 말씀을 야곱에게 보이시며 그의 율례와 규례를 이스라엘에게 보이시는도다 그는 어느 민족에게도 이와 같이 행하지 아니하셨나니 그들은 그의 법도를 알지 못하였도다 할렐루야" 시 147:19–20

c. 이스라엘은 약속된 구원자 메시아를 탄생시키도록 택함을 받았다.

"조상들도 저희 것이요 육신으로 하면 그리스도가 저희에게서 나셨으니" 롬 9:5

"그러므로 주께서 친히 징조로 너희에게 주실 것이라 보라 처녀가 잉태하여 아들을 낳을 것이요 그 이름을 임마누엘이라 하리라" 사 7:14

"그가 이르시되 네가 나의 종이 되어 야곱의 지파들을 일으키며 이스라엘 중에 보
전된 자를 돌아오게 할 것은 매우 쉬운 일이라 내가 또 너를 이방의 빛으로 삼아
나의 구원을 베풀어서 땅 끝까지 이르게 하리라" 사 49:6

d. 이스라엘은 하나님의 계시를 모든 민족에게 전하기 위해 부르심을 받았다.

이스라엘은 자신의 대단함이나 의로움으로 택함을 받은 것이 아니고 하나님의
절대 주권으로 택함을 받았다. 이스라엘을 통해 자신을 드러내신 하나님의 계시
는 모든 나라에게 의도된 것이다. 이스라엘을 택하신 것은 모든 민족들을 사랑하
시기 때문이다.

"네가 가서 그 땅을 얻음은 너의 의로움을 인함도 아니며 네 마음이 정직함을 인
함도 아니요 이 민족들의 악함을 인하여 네 하나님 여호와께서 그들을 네 앞에서
쫓아내심이라 여호와께서 이같이 하심은 네 열조 아브라함과 이삭과 야곱에게 하
신 맹세를 이루려 하심이니라" 신 9:5-6

B. 언약의 하나님

a. 언약(Covenant)

언약에 해당하는 히브리 단어는 브리트(berit)이다. 이는 피가 흘러나오도록 몸
뚱이를 자른다는 의미이다. 그래서 성경에서 언약을 말할 때는 '자르다(베다)' 또
는 '피의 언약'이라는 표현을 쓴다. 이 '피의 언약'의 원형은 창세기 15장에 잘 나
와 있다. 고대 근동에서 언약의 당사자들은 동물을 가져와서 둘로 쪼개었다. 그
리고 그 쪼개진 반쪽을 서로 마주보아 한 줄로 놓아서 그 사이에 통로를 만들었
다. 동물의 몸은 잘리고 그 피는 땅에 쏟아졌다. 이렇게 하는 이유는 이 언약이 두
렵고 충격적일 만큼 중요하고 서로 지킬 책임이 있다는 것을 보여주는 것이다. 창
세기 15장에서는 이러한 방식에 따라 하나님의 영광의 임재가 타오르는 횃불로

나타났고 동물의 쪼개어진 조각 사이로 지나가면서 하나님은 아브람과 언약을 맺으신 것이다.

> "해가 저서 어둘 때에 연기 나는 풀무가 보이며 타는 횃불이 쪼갠 고기 사이로 지나더라 그 날에 여호와께서 아브람으로 더불어 언약을 세워 가라사대 내가 이 땅을 애굽 강에서부터 그 큰 강 유브라데까지 네 자손에게 주노니" 창 15:17-18

b. 아브라함 언약(The Abrahamic Covenant)의 의미

▎ 하나님께서 아브라함과 맺은 언약은 아브라함과 그의 자손(이스라엘 백성)을 하나님께서 택하셨고 그들을 통해 세상을 축복하실 것이라는 언약이다.

▎ 당시 언약의 당사자들이 쪼갠 제물사이로 서로 지나갔던 것과 달리 하나님은 아브라함과의 언약을 맺는 자리에서 아브라함을 깊은 잠에 빠지게 한 후 하나님만 희생동물 사이를 지나가셨다. 이것은 결국 이 언약은 아브라함이 가진 어떤 조건으로 인해서가 아니라 하나님이 혼자 책임지시며 무조건적으로 성취하실 것을 보여주신 것이다.

▎ 하나님께서 하신 모든 약속들은 오로지 하나님의 신실함으로 성취된다. 그렇기 때문에 이스라엘은 하나님이 택한 백성으로서 영원히 하나님 앞에 존재할 것이며, 그들을 통해 세상을 축복(구원)한다는 하나님의 언약은 그들의 조건과 상관없이 성취될 것이다.

C. 하나님의 거룩함과 위대함을 나타내는 백성

> "이와 같이 내가 여러 나라의 눈에 내 존대함과 내 거룩함을 나타내어 나를 알게 하리니 그들이 나를 여호와인줄 알리라" 겔 38:23

D. 여전히 유효한(파기되지 않은) 하나님의 언약

우리는 '이스라엘을 지키시는 분은 졸지도 않고 주무시지도 않으신다'(시 121:4)
는 말씀을 잘 알고 있다. 이스라엘은 성경시대에 많은 적들의 공격을 받아 왔고
독립 후에도 수차례 전쟁을 겪었지만, 이 말씀대로 하나님은 이스라엘과 그 백성
을 보호하셨다. 이에 대한 많은 경험들이 현재에도 존재한다.

> "내가 야곱과 맺은 내 언약과 이삭과 맺은 내 언약을 생각하며 아브라함과 맺은
> 내 언약을 생각하고 그 땅을 권고하리라 …그런즉 그들이 대적의 땅에 거할 때에
> 내가 싫어 버리지 아니하며 미워하지 아니하며 아주 멸하지 아니하여 나의 그들과
> 세운 언약을 폐하지 아니하리니 나는 여호와 그들의 하나님이 됨이라" 레 26:42-5

> "이것은 아브라함에게 하신 언약이며 이삭에게 하신 맹세며 야곱에게 세우신 율
> 례 곧 이스라엘에게 하신 영영한 언약이라 이르시기를 내가 가나안 땅을 네게 주
> 어 너희 기업의 지경이 되게 하리라 하셨도다" 시 105:9-11

E. 언약의 성취

현대 이스라엘은 비교적 젊은 국가에 속한다. 1948년 독립할 당시에는 겨우 60
만 명의 유대인이 살았고 기본적인 사회 제반 시설도 거의 없었다. 길지 않은 시
간이 지난 지금 이스라엘은 놀라울 정도로 모든 것이 풍성하고 기술과 농업이 고
도로 성장한 아름다운 나라가 되었다.

> "나 주 여호와가 말하노라 내가 너희를 모든 죄악에서 정결케 하는 날에 성읍들
> 에 사람이 거접되게 하며 황폐한 것이 건축되게 할 것인즉 전에는 지나가는 자의
> 눈에 황무하게 보이던 그 황무한 땅이 장차 기경이 될찌라 사람이 이르기를 이 땅
> 이 황무하더니 이제는 에덴동산 같이 되었고 황량하고 적막하고 무너진 성읍들
> 에 성벽과 거민이 있다 하리니 너희 사면에 남은 이방 사람이 나 여호와가 무너
> 진 곳을 건축하며 황무한 자리에 심은 줄 알리라 나 여호와가 말하였으니 이루리
> 라" 겔 36:33-36

적용 및 기도:

제2과 하나님의 비밀 이스라엘

1. 로마서를 통해 본 이스라엘의 구원

로마서는 크게 전반부인 1-11장과 후반부인 12-16장으로 나누는데, 전반부는 유대인과 이방인 모든 사람들에게 해당하는 구원론으로 인간의 그 어떠한 행위나 율법에 의한 구원이 아니라 오직 예수 그리스도께 대한 믿음으로만 하나님의 의에 이를 수 있다는 '이신칭의'가 그 논점의 핵심이다. 그 중 9-11장에서는 특별히 유대인(이스라엘)의 구원에 대해 과거와 현재, 그리고 미래에 대해 다루고 있다.

A. 로마서 9-11장에 나타난 이스라엘

사도바울은 로마서 9장-11장에서 선택받은 이스라엘이 메시아 예수님과 복음을 거부하고 있지만 결국은 회복될 것이라고 말한다. 하나님은 택하신 자기 백성을 결코 버리지 아니하신다. 하나님은 복음을 받아들이지 않은 이스라엘의 회복을 위해 이방인에게 복음을 전하여 구원을 일으키신다. 그것은 이스라엘로 '시기'를 일으켜서 하나님께 돌아오게 하기 위해서이다. 결국 불순종한 이스라엘이 구원 받는 것은, 불순종한 이방인이 구원 받는 것에 대해 예표가 된다. 넘어진 이스라엘이 회복될 것을 생각하면, 죄의 결과로 멸망 받을 인간이 어떻게 구원받을 것인가의 가능성을 보게 된다. 이 모든 것은 오직 하나님의 주권에 달려 있다. 우리는 하나님의 주권으로 부어지는 부요하고 넘치는 은혜에 의지해야 한다. 로마서 9장-11장에서 사도바울은 직간접적으로 하나님의 구속사의 큰 그림을 인용하면서 인류 역사의 과거, 현재, 미래에 대해서 이스라엘과 교회의 관점으로 전개해 가고 있다.

a. 로마서 9장

"나의 형제 곧 골육의 친척을 위하여 내 자신이 저주를 받아 그리스도에게서 끊어질지라도 원하는 바로라" 롬 9:3

▎ 사도 바울은 예수님을 만난 후 기쁨과 감격이 있었다. 그러나 복음을 거부하는 자신의 민족을 보면서 마음에 그치지 않는 고통이 있었다. 이 고통은 나의 민족, 골육의 친척이 예수님을 거부하고 하나님을 믿지 않는 것이었다.

"저희는 이스라엘 사람이라 저희에게는 양자됨과 영광과 언약들과 율법을 세우신 것과 예배와 약속들이 있고 조상들도 저희 것이요 육신으로 하면 그리스도가 저희에게서 나셨으니 저는 만물 위에 계셔 세세에 찬양을 받으실 하나님이시니라 아멘" 롬 9:4-5

▎ 하나님께서는 이스라엘을 온 인류에게 하나님의 위대한 구원을 가져오는 통로가 되게 하겠다고 하셨다. 이것이 하나님께서 이스라엘 자손과 맺으신 언약의 본질이다. 이 언약은 오직 하나님의 은혜로 이뤄지는 주권적인 행위이다.

▎ 하나님이 이스라엘 사람들을 양자 삼으신 것, 언약들, 율법을 주신 것, 하나님을 예배하게 하신 것, 약속들, 조상들... 이 모든 것을 주신 이유는 메시아가

나오는 민족이 되기 위한 바로 그 한 가지 목적 때문이었다. 실제로 그 목적을 따라 만유 위에 계시고 영원토록 찬송 받으실 하나님이시요, 메시아이신 예수 그리스도께서 저희에게서 나셨다.[1]

"어찌 그러하뇨 이는 저희가 믿음에 의지하지 않고 행위에 의지함이라 부딪칠 돌에 부딪쳤느니라" 롬 9:32

| 이스라엘이 실패한 이유는 그들이 모세의 율법을 행함으로써 자력으로 의를 얻으려 하였기 때문이다. 이는 스스로의 힘으로 구원을 얻기에 합당한 자가 될 수 있다는 교만으로, 믿음으로 말미암아 의롭다 함을 얻게 된다는 진리를 배척하였다. 이 교만으로 인한 자기 의는 메시아로 오신 예수님을 거부하는 결과를 낳았다.

b. 로마서 10장

"그러나 저희가 다 복음을 순종치 아니하였도다 이사야가 가로되 주여 우리의 전하는 바를 누가 믿었나이까 하였으니 그러므로 믿음은 들음에서 나며 들음은 그리스도의 말씀으로 말미암았느니라" 롬 10:16-17

| 바울은 우리가 참 생명을 얻는 것은 복음에 대한 순종의 여부에 달려있다고 말한다. 진리에 대해 동의할 수 있으나 순종하지 않는다면 믿음이 아닌 것이다. 이 순종은 우리의 본성이 악한 것을 인정하는 회개를 전제로 한다. 그러나 바울이 정확한 복음을 전파했음에도 불구하고 유대인들은 불순종하였다.

| 여기서 '다' 라는 단어는 유대인 대다수가 믿음을 갖지 않음에 대해 마음에 큰 안타까움을 느껴서 사용한 표현이다.

"그러나 내가 말하노니 저희가 듣지 아니하였느뇨 그렇지 아니하다 그 소리가 온 땅에 퍼졌고 그 말씀이 땅끝까지 이르렀도다 하였느니라 그러나 내가 말하노니 이

1 D.M. 로이드 존스, 로마서 강해 9권. (기독교문서선교회, 2007). p105.

스라엘이 알지 못하였느뇨 먼저 모세가 이르되 내가 백성 아닌 자로써 너희를 시기나게 하며 미련한 백성으로써 너희를 노엽게 하리라 하였고 또한 이사야가 매우 담대하여 이르되 내가 구하지 아니하는 자들에게 찾은바 되고 내게 문의하지 아니하는 자들에게 나타났노라 하였고" 롬 10:18-20

| 하나님의 백성들이 하나님을 거절하였지만 이로 인해 그 분의 목적은 중단되지 않았다. 하나님께서는 백성들의 그런 모습에도 불구하고 그 목적을 계속 이루어 가신다. 자기 백성 아닌 자(이방인)들을 백성 삼으신 것이다.

| 유대인들이 복음을 모른다고 핑계 댈 수 없는 이유는 복음을 위해 부르심을 받았고 그 복음을 분명히 들었다는 것이다. 그들이 받았던 고통은 듣지 못해서 온 것이 아니다. 이 모든 것이 성경에 예언된 것이다(신 32:21, 사 65:1). 율법과 선지자들이, 예수님 안에 있는 구원의 길을 거부한 유대인의 태도를 정죄하고 있다. 이스라엘은 말씀을 듣고도 순종치 않았지만, 하나님을 찾지 않는 백성인 이방인들은 오히려 하나님을 믿게 되어 이스라엘로 시기나게 할 것을 구약에서부터 말하고 있다.

"이스라엘을 대하여 가라사대 순종치 아니하고 거스려 말하는 백성에게 내가 종일 내 손을 벌렸노라 하셨느니라" 롬 10:21

| 하나님은 복음과 하나님을 거부한 이스라엘을 오히려 버리지 않으시고 지금도 종일 손을 벌리고 기다리시는 분이시다. 이스라엘은 이 하나님의 사랑 앞에서 어떠한 변명도 할 수 없게 될 것이다.

| 우리는 로마서 10장에서 두 가지를 배울 수 있다. 첫째로 복음의 진리를 대적하는 것은 언제나 전통을 의지한 결과라는 것이다. 바울은 유대인들을 향하여 바로 그 점을 지적하고 있다. 둘째는 그들이 자기 자신들의 행위를 의지하고 있었다는 것이다. 그들은 자기 의를 세우려고 애를 썼다. 그들은 구원을 하나님께서 값없이 베풀어주시는 선물로 받아들이기를 거부하고 그들 자신의 행위와 공로를 통해 구원을 받고 싶어 했다.

c. 로마서 11장

"하나님이 그 미리 아신 자기 백성을 버리지 아니하셨나니 너희가 성경이 엘리야를 가리켜 말한 것을 알지 못하느냐 그가 이스라엘을 하나님께 고발하되 주여 그들이 주의 선지자들을 죽였으며 주의 제단들을 헐어 버렸고 나만 남았는데 내 목숨도 찾나이다 하니 그에게 하신 대답이 무엇이냐 내가 나를 위하여 바알에게 무릎을 꿇지 아니한 사람 칠천 명을 남겨 두었다 하셨으니 그런즉 이와 같이 지금도 은혜로 택하심을 따라 남은 자가 있느니라" 롬 11:2-5

▌ 바울은 미래에 구원받게 될 이스라엘 백성에 대한 믿음의 증거로 엘리야 선지자를 예로 들고 있다. 이스라엘의 구원은 '남은 자'들에 의해 놀랍게 전개될 것이다. 하나님께서는 어느 때든 항상 자신에게 속한 자신의 남은 자를 남겨두셔서 그 일을 계속해 오셨고 앞으로도 계속 하실 것이다.

"그러므로 내가 말하노니 저희가 넘어지기까지 실족하였느뇨 그럴 수 없느니라 저희의 넘어짐으로 구원이 이방인에게 이르러 이스라엘로 시기나게 함이니라 저희의 넘어짐이 세상의 부요함이 되며 저희의 실패가 이방인의 부요함이 되거든 하물며 저희의 충만함이리요" 롬 11:11-12

▌ 하나님은 자기 백성들을 향한 궁극적인 목적을 완전히 내쳐버리시는 것으로 보이지만 단지 잠시 동안 그렇게 하신 것뿐이다. 이스라엘은 일시적인 과정으로 단지 실족하였을 뿐이다. 실족한 이유는 복음이 이방인들에게도 전파되도록 하기 위함이었다.

▌ 유대인들은 나라 없이 수 세기동안 흩어져 살아 왔고, 그동안 많은 민족들은 그들을 없애고자 전력을 다했다. 그럼에도 불구하고 하나님께서 이 민족을 보존한 유일한 이유는 그들과의 언약을 기억하시고 관계를 끊지 않으셨다는 데에 있다.

▌ 유대인의 실패로 인해 복음의 부요함이 이방인의 것이 되었다. 바울은 하나님의 백성인 이스라엘의 실패가 이방인들을 부요하게 했다면 그들이 복음 안

으로 들어올 때 이방인들의 부요함은 훨씬 더 클 것이라고 주장한다.[2]

"내가 이방인인 너희에게 말하노라 내가 이방인의 사도인 만큼 내 직분을 영광스럽게 여기노니 이는 곧 내 골육을 아무쪼록 시기케 하여 저희 중에서 얼마를 구원하려 함이라 저희를 버리는 것이 세상의 화목이 되거든 그 받아들이는 것이 죽은 자 가운데서 사는 것이 아니면 무엇이리요" 롬 11:13-15

▌ 하나님은 유대인과 이방인 모두의 구원에 관심을 갖고 계신다. 이방인의 사도로 특별한 위임을 받은 사도바울은 그 직분으로 인해 이방인들에게 복음을 전할 뿐만이 아니라 하나님의 목적과 계획에 관련된 위대한 진리를 이방인들에게 설명하였다. 여기에는 유대민족의 미래도 포함된다. 그는 유대인들에게 일어나는 일들이 궁극적으로 이방인들에게 가장 큰 축복의 원인이 될 것이라고 말하면서 이 사실을 이방인들이 알기를 바란다고 말한다.

"옳도다 저희는 믿지 아니하므로 꺾이우고 너는 믿으므로 섰느니라 높은 마음을 품지 말고 도리어 두려워하라 하나님이 원 가지들도 아끼지 아니하셨은즉 너도 아끼지 아니하시리라 그러므로 하나님의 인자와 엄위를 보라 넘어지는 자들에게는 엄위가 있으니 너희가 만일 하나님의 인자에 거하면 그 인자가 너희에게 있으리라 그렇지 않으면 너도 찍히는바 되리라" 롬 11:20-22

▌ 교회는 이스라엘에게 주신 은혜와 약속을 빼앗아 자신이 취하고 하나님의 구속사에서 이스라엘을 제하였다. 겸손과 형제애를 버린 교만은 유대인에 대한 증오를 부추기는 일들의 기초가 되었고 이 증오가 교회에 만연해졌다.

"형제들아 너희가 스스로 지혜 있다 함을 면키 위하여 이 비밀을 너희가 모르기를 내가 원치 아니하노니 이 비밀은 이방인의 충만한 수가 들어오기까지 이스라엘의 더러는 완악하게 된 것이라 그리하여 온 이스라엘이 구원을 받으리라 기록된 바 구원자가 시온에서 오사 야곱에게서 경건하지 않은 것을 돌이키시겠고 내가

2 D.M. 로이드 존스, 로마서 강해 11권 (기독교문서선교회. 2007). p103-126.

그들의 죄를 없이 할 때에 그들에게 이루어질 내 언약이 이것이라 함과 같으니라"
롬 11:25-27

▎하나님은 이스라엘의 실패를 통하여 이방인의 구원이라는 구속섭리의 신비
를 보이셨다. 바울은 이스라엘이 하나님의 영광스런 비밀이라고 말한다. 초대
교회에 성령님의 역사로 복음이 예루살렘으로, 유대로, 사마리아로, 소아시
아로 전파되어간다. 뿐만 아니라 지중해를 건너 빌립보, 아덴, 고린도, 에베
소, 마지막에는 당시 세계의 중심인 로마에까지 전해지게 되었다. AD 313년
로마제국이 기독교를 공인하자 온 유럽이 복음화 되는 계기를 이루게 된다.3

▎'온 이스라엘이 구원을 받으리라' 는 말은 아직도 자신들을 구별하고 조상들
의 전통을 따라 예배를 드리며 복음을 거절하는 유대 민족 중 많은 수가 회심
하게 되어 예수님을 그들의 메시아로 인정하게 될 것이다.

"너희가 전에는 하나님께 순종하지 아니하더니 이스라엘이 순종하지 아니함으로
이제 긍휼을 입었는지라 이와 같이 이 사람들이 순종하지 아니하니 이는 너희에게
베푸시는 긍휼로 이제 그들도 긍휼을 얻게 하려 하심이라 하나님이 모든 사람을
순종하지 아니하는 가운데 가두어 두심은 모든 사람에게 긍휼을 베풀려 하심이로
다" 롬 11:30-32

▎우리는 모두 날 때부터 허물과 죄로 죽었던 자들이다. 즉 생명이 없으므로 아
무 것도 할 수 없는 자들이었다. 하나님께서는 자신의 긍휼 외에는 아무 소용
이 없음을 나타내시기 위해 유대인과 이방인을 불순종 가운데 가두어 두심으
로 유대인과 이방인 모두를 구원하시기를 원하신다.

2. 이스라엘 회복의 중요성

A. 이스라엘 회복에 대한 바른 이해는 오늘날 성도들에게 시대적인 분별력을 가지게 한다.

B. 이천 년 만에 이스라엘이 다시 회복된 것은 하나님의 구속사가 지금도 진행되고 있음을 보여준다.

C. 구약에 유대인들의 귀환에 대한 말씀은 바벨론에서 귀환할 때 부분적으로 성취되었지만 이 시대 유대인들의 귀환은 말씀의 온전한 성취로 나아가고 있다.

D. 이스라엘 회복으로 인해 그리스도의 몸이 충만함에 이른다.
사도 바울은 로마서 11장에서 감람나무의 원가지였던 이스라엘이 다시 접붙임됨으로써 그리스도의 몸이 온전한 충만함에 이르게 될 것이라고 말했다.

E. 이스라엘이 주님께 돌아오는 영적 회복은 구속사적인 관점에서 주님의 재림과 밀접한 연관성을 가지고 있으며, 예수님께서 재림하실 때에 만유의 회복이 있을 것이다.

"하나님이 영원 전부터 거룩한 선지자의 입을 의탁하여 말씀하신바 만유를 회복하실 때까지는 하늘이 마땅히 그를 받아 두리라" 행 3:21

a. 새롭게 되는 때이고 종말의 때이다(마 19:28).
b. 예수를 믿고 따른 모든 사람들은 죽음과 죄의 세력에서 완전히 해방되며 영화롭게 될 것이다(롬 8:19).
c. 회복의 결과로 악과 사망이 제거된다(고전 15:24-28).
d. 만물이 통일되어 하나님을 경배함으로 슬픔과 고통이 없는 새로운 세상이 올 것이다(계 21:4).

3. 이스라엘의 회복을 바라본 자들

지금부터 약 400년 전, 성장하는 기독교 단체들은 유대인들이 그들의 땅과 그들의 메시아에게로 돌아갈 것이라고 믿었다. 또한 이들의 귀환은 전 세계적으로 영향을 미칠 것이라 믿었는데 이러한 견해는 청교도들에 의해 전해지기 시작했다.

▎ **프란시스 케트**(Francis Kete): 1500년경 영국에서 성경이 영어로 번역되는 것을 계기로 신학자들과 평신도들 사이에서 이스라엘을 향한 하나님의 계획을 이해하기 시작했다. 1589년에 프란시스 케트는 기독교학자로서는 처음으로 이스라엘 민족의 회복을 주장하여 이교도로 몰려 화형을 당했다. 그러나 그의 주장은 다른 기독교인들에게 큰 영향을 미쳤다.

▎ **존 오웬**(John Owen): 1649년 존 오웬은 영국 하원의 설교에서 '이 유대인들이 수천만의 기도와 응답 안에서 이방인들의 부요함과 함께 한 무리(교회)가 될 그때'를 예견했다. 그것은 분명히 유대인들과 함께 시작한다고 말했다.

▎ **찰스 시므온**(Charles Simeon): 그는 한 친구가 유대인들의 미래에 대해 그에게 써 보낸 질문을 받은 적이 있었다. '6백만의 유대인들과 6억의 이방인들 중 어느 쪽이 가장 중요한가?' 그는 즉각 답신을 써 보냈다. '만일 6백만의 회심이 저 6억 명에게 죽음으로부터 생명을 줄 수 있다면, 그 답은 무엇이겠나?'

▎ **로버트 리톤**(Robert Leighton): 17세기의 청교도인 그는 다음과 같이 썼다. '유대인들의 회심을 위해서 매일 기도하지 않는 이들은, 교회의 영광을 위한 핵심을 잊어버린 것이다. 그 유대 백성들은 일어나 빛을 발하라는 명을 받게 될 것이며, 그들의 귀환은 이방인들의 부요함이 되고 하나님의 교회가 이제껏 보았던 것보다 더 큰 영광의 때를 이룰 것은 의심의 여지가 없다.' 350여 년 전에 쓰여진 이 글은 그 시대에 혁명적이었다. 그는 '하나님은 유대인들을 지나쳐 버리신 것이 아니다! 그들이 돌아오고 있다! 그리고 바울에 의하면,

그들이 돌아올 때 그것은 세상이 이제껏 알지 못했던 가장 위대한 영혼들의 추수가 일어날 것이다! 넘치는 부요함! 죽음으로부터의 삶 등...' 리톤은 바울이 말하려고 한 열방의 부흥은, 이스라엘의 귀환과 평행을 이루리라는 것을 깨닫고 있었다.

▋ **진젠도르프**(Nikolaus L. von Zinzendorf): 18세기 모라비안들의 영적 지도자 진젠도르프 백작은 오직 유대 민족이 주님께 돌아온 후에야 많은 족속들로부터 대규모의 회심이 있으리라고 내다보았다.[4]

▋ **스펄전**(C. H. Spurgeon): 영국의 위대한 설교자 스펄전은 이렇게 썼다. '나는 우리가 유대인들의 회복을 위해 충분한 중요성을 부여하지 않는다고 생각한다. 유대인들이─이방인들의 첫 사도들이었던, 더 멀리는 우리들의 첫 순교자들이었던─다시 모이게 될 그 날은 머지않아 올 것이다. 그것이 있을 때까지 교회의 넘치는 영광은 결코 올 수 없다. 세상을 향한 비길 데 없는 은혜가 이스라엘 회복과 함께 깊이 연관되어 있다.' 이 같은 믿음의 사람들은 로마서 11장을 이스라엘 국가가 재건될 때 그리고 엄청난 유대 백성들이 주님을 받아들이기 시작하며, 그와 동시에 놀라운 부흥이 온 세상을 휩쓸게 될 바로 그 때를 지적하는 말씀으로 이해했다. 그들은 오늘날 이 지구상에 드러나고 있는 일들을 성령을 통해서 알고 있었다.

▋ **사무엘 러더포드**(Samuel Rutherford): 청교도였던 그는 주님에 대한 사랑이 특별한 사람으로 널리 알려져 있다. 스펄전은 그의 서간을 가리켜 인간이 쓴 글 가운데 가장 영감 있는 글이라고 평가한 바 있다. 러더포드는 그의 서간에서 예수께서 지상에 재림하시는 사건을 제외하고 가장 영광스러운 사건은 이스라엘의 회복이 될 것이라고 썼다. 그의 서간에는 이러한 구절이 있다. '그리스도께서 구름을 타고 강림하신 다음에 나타날 가장 기쁜 광경을 보게 되리

---

4 Martin Brecht, 선교와 신학 12집. (장로회신학대학교 세계선교연구원, 2003), p278.

라. 우리의 맏형인 유대인과 그리스도께서 부둥켜안고 입을 맞추는 그 광경! 그들은 오랫동안 떨어져 있었도다.'

▎ **로버트 머리 맥케인**(Robert Murray M'Cheyne): 1830년대 스코틀랜드 장로교 안에서 경건함으로 유명했던 그는 사람들이 그의 곁에 있기만 해도 자기 죄를 깨닫고 주님의 용서를 구할 정도였다고 한다. 그의 설교와 서간문과 전기는 전 세계 수백만 그리스도인들에게 감동을 주었다. 맥케인은 유대인에 대한 특별한 사랑을 가지고 있었다. 1839년에 맥케인은 스코틀랜드 킬시드(Kilsyth)에서 큰 부흥을 일으켰는데, 맥케인은 그 부흥의 원인이 같은 해 팔레스타인에서 유대인 선교사역이 이뤄졌기 때문이라고 말했다.

▎ **리즈 하월즈**(Rees Howells): 1900년대 초 선교사이자, 웨일즈 성경학교 교사였으며, 전 세계 그리스도인들에게 탁월한 기도의 사람으로 기억되고 있는 리즈 하월즈는 유대인들을 위해서 기도했던 사람이다. 1938년 9월부터 하월즈의 기도팀은 이스라엘을 위해서 기도했다. 2차 대전 중에 하월즈가 유대인을 위해서 기도할 때에 하나님께서는 기도의 초점을 유대인과 나치 체제 뒤에서 활동하는 악한 세력에 맞추게 하셨고 전쟁이 끝나게 되면서는 유대인의 팔레스타인 귀환을 위해서 기도하게 하셨다. 하월즈는 유대인의 귀환을 기도하는 중에 국제연합에서 이스라엘 국가 탄생을 통과시켰다는 소식을 들었다.

▎ **마틴 로이드 존스**(Martyn Lloyd-Jones): 1900년대 중반 활동했던 설명이 필요 없는 복음의 진수를 말하는 진실된 복음 전도자이다. 그는 로마서 강해에서 다음과 같이 말했다. '하나님께서는 유대인들의 조상들에게 약속하신 일을 성취할 것이고 완성할 것이다. 왜냐하면 하나님의 은사와 부르심에는 후회하심이 없기 때문이다.'

▎ **마리아 자매회**: 독일 루터교에 속해 있었던 마리아 자매회는 자기 민족의 무

서운 죄를 회개하며 기도하는 사역을 수십 년 동안 계속 하고 있다.

▓ 적용 및 기도:

제3과 유대인이 예수님을 믿지 못하는 이유

1. 교회안의 유대적 유산

A.예수님은 그의 전 생애 가운데 실천적인 유대인이었다.

a. 요셉과 마리아는 정한 때에 제물을 구별하여 드림

"주의 율법을 따라 모든 일을 마치고" : 레 12:8, 눅 2:21-24, 39

b. 8일 째에 할례를 받음: 눅 2:21-32, 출 13:2, 11-16, 레 12:1-8

c. 절기를 지킴: 출 23:14-15, 신 16:16, 눅 2:41-42

d. 안식일에 대한 본래 의미를 완전하게 하셨다.

"내가 율법이나 선지자를 폐하러 온 줄로 생각하지 말라 폐하러 온 것이 아니요 완전

하게 하려 함이라" 마 5:17-20

"예수께서 그 자라나신 곳 나사렛에 이르사 안식일에 늘 하시던 대로 회당에 들어

가사 성경을 읽으려고 서시매" 눅 4:16

"또 다른 안식일에 예수께서 회당에 들어가사 가르치실새" 눅 6:6

e. 마 8:1-4에서 나병에서 나은 자에게 예수님은 레위기 13, 14장에 있는 제사를 행하도록 말씀하셨다.

f. 사람들에게 십계명을 지키도록 요구하셨다: 마 19:16-19

g. 율법과 선지자를 종종 언급하셨다: 마 22:34-40

"이에 모세와 모든 선지자의 글로 시작하여 모든 성경에 쓴 바 자기에 관한 것을 자세히 설명하시니라... 또 이르시되 내가 너희와 함께 있을 때에 너희에게 말한 바 곧 모세의 율법과 선지자의 글과 시편에 나를 가리켜 기록된 모든 것이 이루어 져야 하리라" 눅 24:27,44

h. 혈루병 앓는 여인이 만졌던 예수님의 '찌찌트' (옷단 귀의 술)의 표현을 보면 옷에 대한 율법을 지키셨다: 눅 8:43-48, 민 15:37-41

i. 예수님은 음식에 복을 내리셨다: 눅 9:16, 출 23:25

j. 요 3:1에서 니고데모와 같은 바리새인 랍비가 예수님을 존경하고 예수님을 '랍비' 라고 부른 것을 보면 예수님은 토라를 지키는 랍비였음이 틀림없다. 바리새인 세계에서는 잘 교육받고 임명된 토라를 준수하는 유대인만이 '랍비' 라는 칭호를 받을 수 있었다.

k. 예수님은 십일조에 대해서 가르치셨다.

B. 사도 바울도 역시 율법을 준수하는 유대인이었다.

a. 바울은 토라를 준수하는 랍비 유대인으로 비시디아 회당 모임에서 말씀을 전하도록 초청을 받았다: 행 13:13-43

b. 율법에 따라 경건한 유대인 아나니아에게 세례를 받았다: 행 22:12-16

c. 인생의 후반기에도 여전히 그는 자신을 '바리새인' 이라고 선포하였다: 행 23:6

d. 그는 조상의 관습을 배척하지 않았다: 행 28:17

e. 그는 나실인의 서약을 했다: 행 21:21-24, 민 6:1-23

C. 교회 안에는 유형과 무형의 유대적인 유산들이 많이 있다.

a. 유형의 신앙유산

성경, 선지자, 메시아 예수와 유대인 제자들로 인해 많은 축복을 누리고 있다. 성경 66권 대부분이 유대인에 의해 쓰여 졌으며 그 속에 등장하는 많은 사람들이 유대인이며 구약의 언어도 그들의 언어인 히브리어로 기록되어 있다. 신약은 물론 헬라어로 기록되어 있지만 실제로 예수님이 사용하신 언어는 히브리 방언으로 알려진 아람어였다고 대부분의 학자들이 주장하고 있다.

b. 무형의 신앙유산

인류의 역사를 하나님의 구원의 역사로 보는 시각, 죄, 칭의, 구원, 구세주, 메시아 대망사상에 대한 개념을 전달해 주었다.

참조: 신약 성경의 책이름을 생각해보자.

마태는 구약의 많은 내용을 참조하였기 때문에 유대인 독자를 위해서 쓴 것이 명백하다. 마가는 더 많은 부분을 이방인을 위해 썼다. 저자가 이방인인 누가도 마가와 마찬가지인데, 누가복음의 첫 네 개 절을 보면 누가는 예수님의 일생을 조사한 것처럼 보인다. 1세기 후반에 요한은 영지주의 이단과, 예수님은 완전한 신성과 완전한 인성을 동시에 갖지 못한다는 잘못된 교리에 대항해서 요한복음과 서신서들을 썼다. 베드로전서, 야고보서 그리고 히브리서는 주로 유대인 독자들을 위해 쓴 것이 확실하다. 나머지는 이방인 신자를 위해 썼거나 이방인과 유대인 둘 다를 위해서 쓴 것으로 보인다. 신약 성경 저자 모두는 그리스도의 몸인 교회 안에서 유대인을 중요한 존재로 생각하고 있다.

2. 유대인의 핍박과 고난

AD 70년 이스라엘은 로마의 침공을 받아 예루살렘 성전이 파괴되고 유대인들은 전 세계로 흩어지게 된다. 흩어진 유대인들은 가는 곳마다 멸시와 천대, 박해와 살육을 당하는데 약 1900년 동안 고난의 긴 세월을 살게 된다.

A. 반유대주의(Anti-Semitism)

유대인들을 인종적, 종교적, 경제적인 이유에서 배척하고 멸절시키려는 사상이다.

a. 대체신학(Replacement Theology)

이스라엘은 메시아 예수님을 죽였기 때문에 하나님의 저주와 심판을 받아 멸망했으니 이제는 교회가 이스라엘을 대체하여 영적 이스라엘이 되었다는 것이 대체신학이다.

b. 초기 기독교 교부들의 시각

초기 기독교 교부들은 기독교 교리를 확립해 나가는 과정에서 유대교와의 단절을 추구했다. 이들은 교회가 하나님의 언약의 진정한 상속자이며 이스라엘은 버림을 받았다고 주장했는데 이것이 대체신학의 뿌리가 되었다.

- AD 306: 엘비라 공의회(The Council at Elvira)는 기독교인들이 유대인으로부터 축복받는 것을 금하였다.
- AD 325: 니케아 공의회에 유대인 주교는 초청받지 못했다. 콘스탄티누스 황제는 공의회를 소집해서, 유대적인 것은 어떤 것이든 단절하도록 촉구하였다. 예수님의 부활을 지키는 태양력은 이 공의회의 결과로 나타났다.
- AD 331-396: 닛샤의 성 그레고리(St. Gregoy of Nyssa)는 유대인을 '주님

을 죽인 자, 선지자들의 살인자, 하나님의 대적, 하나님을 미워하는 자, 은혜의 대적자' 로 묘사하였다.

- **AD 340-420:** 성 제롬(St. Jerome)은 랍비들과 개인적 관계를 맺고 있었지만 유대인들을 여전히 '독사, 모든 인간을 미워하는 자' 라고 불렀다.[1]
- **4세기:** 성 요한 크리소스톰(St. John Chrysostom)은, 유대인들에 대해서 '그들은 악마를 숭배하고, 범죄자들을 모은다. 하나님은 유대인들을 싫어하신다. 그들은 절대적으로 버려진 자들이다. 그들에게는 어떤 속죄도, 어떤 면죄도, 어떤 용서도 없다' 고 말했다.
- **AD 589:** 톨레도 공의회는 유대인들에게 공직을 주는 일을 금하였다.
- **AD 612-621:** 현재 스페인 지역의 시세붓 왕(King Sisebut)은 유대인이 세례를 받지 않으면 추방하도록 했다.

c. 십자군 전쟁(AD 11-13C)

- 원래의 의도는 이슬람에게서 성지를 탈환하는 것이었지만 이후에 변질되어 '유대인은 그리스도의 살해자' 라는 미명으로 유대인 학살을 자행했다.
- 제 1차 십자군 원정 중에 유대인들이 대량 학살되었다. 1096년의 첫 6개월 동안 독일과 프랑스 북부에 거주하던 유대인 수만 명 정도가 학살되었는데 명분은 유대인은 '그리스도의 살해자' 라는 것이었다.

d. 중세의 유럽

중세에는 유대인을 멸시하고 박해하고 학살하는 것이 상식적인 신앙이었다.

- 1215년 라테란 공의회에서 유대인들은 지정된 복장을 하고 다니도록 성문화하였다. 독일에서 유대인들은 둥근 모자를 쓰고 다녀야 했고, 라틴 국가에서는 노란색 유대 배지를 옷에 달고 다녀야 했다.

---

1 Ray Pritz, Nazarene Jewish Christianity(Jerusalem: Magnes Press), 1988, p.53

▎13세기 독일 로마 카톨릭은 모든 기독교인들에게 유대인과 함께 먹고 마시는 것을 금지하고 유대인은 기독교인에게 종속되고 공직을 갖지 못하도록 제한 하였다.

▎14세기에 페스트가 유럽을 휩쓸자 유대인에 대한 차별정책은 심화되었고 유대인 거주지역인 '게토' 가 생겨났다.

e. 중세 유럽에서 유대인에 대한 일반적인 이미지

▎기독교인의 피를 마시는 유대인

» 1144년 부활절 즈음 영국 노리치에서 발생한 소년 살해 사건
» 1235년 크리스마스 무렵 독일의 한 작은 마을에서 발생한 사건
» 유대인들은 기독교인의 살을 베려고 칼을 가는 이미지로 표현되었다.

▎뿔과 꼬리가 달린 악마 유대인

» 1347-60년 유럽사회에서 페스트가 창궐할 때 퍼진 소문
» 중세 예술을 통해서 뿔과 꼬리가 달린 악마 모습으로 유대인의 모습은 일반화 됨
» 유대인은 적그리스도나 그를 지지하는 무리와 동일시되었다.

▎고리대금업자 유대인

» 당시 유대인은 토지소유가 불가능하였고 무역업에 종사하여도 길드에서 배척되었다.
» 그래서 기독교인들이 천대했던 고리대급업에 진출하였는데 유대인 고리대금업자들은 교회와 서민들로부터 비난의 대상이 되었다.

▎나쁜 피의 소유자 유대인

» 15세기 중엽 스페인에서는 기독교인으로 개종한 유대인들도 차별 대우하였다. 세례를 받았다고 할지라도 유대인의 피는 회복될 수 없는 유전적 결함을 가지고 있다고 여겼고 개종자들은 대학, 성직, 공직 진출에 제한을 받았다.

f. 종교개혁자들의 유대인에 대한 시각

▎ 종교개혁시대에 칼빈주의자들은 유대인에 대해서 관용적이었다.

▎ 16세기: 마틴 루터는 처음에는 유대인들이 회심할 것이라고 생각하여 긍정적이었으나, 나중에는 '하나님은 그들을 미워한다' 라고 하며 악의에 가득 찬 공격을 하였다.

▎ 독일 루터교회는 중세의 유대인에 대한 인식을 계승하여 루터는 하나님과 유대인과의 계약은 명백히 파기되었고 교회와의 새로운 계약으로 대체되었다고 주장하였다.

g. 히틀러의 유대인 학살(홀로코스트)

히틀러는 "나는 내가 오늘날 전지전능한 창조주의 뜻을 좇아 행동하고 있다고 믿는다. 유대인을 반대하는 나를 옹호함으로써, 나는 주님의 사역을 위해 싸우고 있다"라고 말하였다.

▎ 히틀러는 "유대인의 멸절이야말로 가장 먼저 이뤄야 할 과업이다"라고 공언하였다.

▎ 나치는 독일인들에게 유대인에 대한 부정적 이미지 주입하여 나치의 반유대주의는 유대인 대량학살로 귀결되었다.

▎ 유대인 대량 학살은 나치 친위대의 최우선 과제이며, 독일을 지키기 위한 도덕적 의무로 인식되었다.

▎ 1935년 뉘른베르크법: 독일 로마 카톨릭과 루터교회 협조로 유대인 시민권 부인

▎ 1938년 크리스탈의 밤(Krystall nacht)에 독일 전역에서 유대인들의 모든 상점들이 강탈을 당하고, 그들의 재산은 강제로 빼앗겼다.

h. 포그롬(Pogrom)

러시아어인 '포그롬'은 파괴나 집단학살이라는 뜻인데 공식적 유대인 박해를 지

칭하는 말이다. 폴란드와 러시아에 있는 유대인 공동체는 포그롬에 의해서 핍박과 괴롭힘을 당했다. 포그롬은 교회에 의해 조장되었고 공격과 대학살을 하는 조직인데 때로는 국가에 의해서 일어나기도 했다.

이와 같이 이방인 교회는 초대교회 이후 약 2000년 동안 예수님의 이름으로 유대인들을 크게 핍박하였다. 그들은 유대인공동체와 유대인 마을 전체를 산 채로 불태우고 토막 내고 참수하고 학살하고 강간하였다. 이러한 역사 속에서 유대인들이 예수님을 그들의 메시아로 인정하기는 어렵다. [2]

C. 현대 반유대주의

이스라엘과 아랍, 팔레스타인 갈등 혹은 유대인과 이슬람 갈등은 전 세계에 반유대주의를 확산시키고 있다.

a. 2009년 2월 런던에서 있었던 반유대주의 방지 컨퍼런스에서 전후 시대인 지금 유대인들에 대한 증오가 더해가고 있다는 발표가 있었다.

l 2008년 영국에서는 유대교 회당 방화시도와 유대인에 적대적인 그래피티 등과 같은 반유대적 범죄가 541건이 발생하였다.

l 독일 연방 하원 페트라 포(Petra Pau)는 이 컨퍼런스에서 베를린 소재 유대인 공동묘지가 매주 훼손의 대상이 되고 있다고 말했다.

b. 2008년 뭄바이 테러 목표물 중 하나가 유대인 공동체였다. 이 테러에서 랍비 가 브리엘과 그의 아내가 살해당했다.

---

2 1543년 발행한 루터의 논문 「유대인과 그들의 거짓말에 관하여」 그들의 회당은 불태워져야 하고, 그들의 집은 파괴되어야 하며, 그들의 책은 모두 빼앗아야 하고, 그들이 도시에서 영업활동을 할 수 없도록 여권 발급이나 여행을 금지해야 하고, 고리 대금업을 중단시켜야 하고, 관대하게 자비를 베풀기 보다는 고통을 가해야 하며 유대인을 보면 성호를 그으면서 악의 화신이다 라고 불러라.

c. UN에서 반이스라엘과 반유대주의의 분위기가 점점 강해지고 있다. 반면에 이슬람의 신앙을 비판하는 것은 '인종차별'이나 '평화의 종교에 대한 폭력'이라고 말하고 있다.

d. **역사의 왜곡:** '홀로코스트'라는 유대인 대학살 사건을 역사적인 전후 사정에서 분리시키려는 경향이 증가하고 있는데, 이 역시 반유대주의와 관련된다. 이는 홀로코스트가 더 이상 유대인이 대량학살의 희생자로써의 특별한 역사적 사건이 아니라는 것이다. 단순히 역사 가운데 반복되는 일반적인 현상이라는 것이다.

e. 최근 프랑스 파리 테러 때(2015년) 유대교 식품점이 공격당한데 이어 덴마크 코펜하겐 유대교 회당 총격 사건 등으로 유럽 내 유대인들이 '반유대주의' 공포에 떨고 있다.

> **참조:** 2003년 3월에, 플로리다의 월간 메시아닉 목회지인 지저스 쥬얼스(Jesus Jewels)는 마틴 루터의 후손인, 다이아나 둔켄 로베로부터 온 한편의 편지의 복사본을 한 랍비와 그들의 교인들에게 보냈다.
>
> 랍비님 그리고 유대인 여러분,
> 저는 16세기 동안에 반 유대적인 소책자를 썼던 마틴 루터의 후손입니다. 루터가 썼던 소책자와 나머지 글들이 유대인들을 박해하는 자들, 특히 히틀러에 대해 끼쳤던 영향력에 대해 부끄러워서 눈물로 목이 멥니다. 히틀러는 하나님의 택한 백성에 행했던 만행을 정당화하기 위해 루터의 글을 사용하였습니다. 홀로코스트는 많은 이들의 가슴 속에 오늘날까지 생생하게 남은 깊은 상처를 주었습니다. 저의 선조들의 죄에 대해 깊이 회개합니다. 저는 루터의 글에서 시작된 그 고통에 대해서 용서를 빕니다.
> 저는 저와 저의 조상들을 용서할 수 있도록 여러분들의 마음 문을 열어주시기를 기도합니다. 저는 여러분이 기꺼이 제 글을 읽어주는데 대해 감사를 드리며, 올해에 주님의 치유와 회복의 은혜를 받으시기를 기도합니다. 룻기는 이방여인의 마음

속에 주님이 품게 했던 유대민족을 향한 특별한 사랑과 유대인들이 그녀에게 되돌려주었던 특별한 사랑을 얘기하고 있습니다. 나는 이 편지를 통해 동일한 치유와 회복의 역사가 시작되기를 기도 드립니다. 샬롬.

3. 유대교의 반기독교적인 가르침과 왜곡

A, 구원관(죄 사함)에 대한 왜곡

교회의 전통이 교회를 유대인의 뿌리에서 단절시켰다면, 유대교는 자신들을 메시아로부터 단절시켰다. 로마의 공격으로 성전이 무너진 이후 그들은 더 이상 제사를 드릴 수 없게 되자 랍비 요하난 벤 자카이는 "나는 긍휼을 원하고 제사를 원치 않는다"(호 6:6)라는 말씀을 왜곡하여 피 흘림이 없는 새로운 종교인 랍비의 유대교를 종교를 창안했다. 그들은 짐승의 제사가 모든 죄를 사하는 메시아 곧 유월절 어린양의 그림자라는 진리를 받아들이지 않았다.

B. 랍비의 권위가 성경보다 우위에 있다

랍비 아키바 벤 요셉은 랍비의 권위를 강조하는 탈무드를 창안했다. 탈무드가 지혜와 경건한 가르침을 포함하고 있지만, 저자의 주요 목적중 하나는 유대인이 메시아 예수님을 믿지 못하게 막는 것이었다. 탈무드는 성경에 나타난 수많은 메시아에 대한 해석을 왜곡했다. 랍비의 권위를 성경보다 위에 두고 유대교에서 예수님을 제거 하였다. 그러나 예수님이 이 땅에 오시기 전의 유대인들은 메시아를 고대해왔고 어떤 편견도 없이 메시아에 대한 예언을 해석하였다.

현대의 랍비들은 탈무드 혹은 구전법(Oral Law)이 모세가 시내산에서 받은 율법과 똑같이 하나님께 받은 것이라고 주장하는데 이것은 사실이 아니다.

C. 나무에 달린 자, 저주받은 자

유대인들은 정치적인 메시아를 기다려왔다. 과거 바벨론의 포로기부터 로마의 식민지를 겪으면서 이스라엘을 이방의 손에서 완전히 해방시키는 자가 그들의 메시아라고 믿어왔다. 그런데 그들은 저주받음의 상징인 나무에 달린 자(십자가)가 어떻게 메시아가 될 수 있냐고 반문하며, 고난 받는 종으로서의 메시아를 인정할 수 없기에 이사야 53장 자체를 금기시하고 있다. 특히 신약 성경은 메시아에 대한 이단적인 요소로 가득하며 유대인의 영혼을 파괴한다고 하여 읽지 못하도록 한다.

적용 및 기도:

제4과 이스라엘 선교와 메시아닉 교회

1. 이스라엘 선교

A. 이스라엘 선교의 중요성

a. 유대인들도 이방인들과 같이 예수 그리스도를 믿는 믿음만이 구원을 받는 길
   이기에 유대인 선교는 당연하다.

   사도바울은 이스라엘의 구원에 대해 관심을 가지기를(롬 11:25) 당부하면서
   유대인이 돌아오는 것은 죽은 자가 다시 살아나는 것과 같다(롬 11:15)고 했
   다. 그는 이스라엘이 회복될 때 원래 계획되었던 충만함에 이르게 될 것이라
   고 분명히 말했다.

   "그들의 넘어짐이 세상의 풍성함이 되며 그들의 실패가 이방인의 풍성함이 되거
   든 하물며 그들의 충만함이리요" 롬 11:12

b. 유대인이 뿌리인 우리 기독교회는 이스라엘 선교가 필수이다.

선택적인 사항이 아니라 우리 이방인들이 반드시 해야 되는 '사명'이라는 것이다. 육신으로 말하면 예수님도 유대인이시고 성경은 우리 이방인들의 책이기 이전에, 먼저 유대인에게 말씀을 맡겨서(롬 3:2) 기록한 그들의 책이다. 그러나 안타깝게도 그들 대부분은 아직 메시아이신 예수님을 모른다. 따라서 먼저 그들의 땅에 오신 예수님을 영접하여 하나님의 자녀된 우리가 참 감람나무 가지인 그들을(롬 11:17) 위해 기도하고, 복음을 전하는 것은 우리의 책임이요 놀라운 특권이다.

c. 이방인으로서 그리스도인이 된 우리들은 유대인들과 '한 새사람으로 지음을 받아 함께 한 성령안에서 아버지께로 나아갈'(엡 2:14-18) 때가 되었다. 우리는 이러한 역사적인 시점에 서있는 유대인들이 그들의 메시아이신 예수님께 돌아올 수 있도록 헌신하고 희생적으로 그들을 섬겨야 한다.

B. 이스라엘 선교의 장애요인

a. 반기독교주의

'기독교는 유대인의 가해자'라는 개념이 팽배해 있다.
❙ 교회, 선교사, 십자가에 대한 부정적 인식
❙ 예수님의 메시아 되심에 대한 부정

b. 선민의식

이스라엘 민족의 선민의식은 위급한 역사적 상황들을 종교적 사명감 및 영적인 운명과 단단히 연결시켰으며, 수많은 핍박과 고난에도 민족의 정체성을 강력하게 유지할 수 있었다. 반면에 선민의식은 이스라엘을 영적인 교만에 빠지게 만들었는데 이방인에게는 하나님의 구원이 임할 수 없다는 것이다.

"너는 너의 하나님 여호와의 성민이라 여호와께서 지상 만민 중에서 너를 택하여 자기의 기업의 백성을 삼으셨느니라" 신 14:2

c. 민족 종교인 유대교

유대교에서 개종하는 것은 민족과 나라를 배반하는 것이다. 민족적인 동질성이 어느 민족보다 강조되는 유대인들에게는 자기 정체성이 부인되는 것은 그 무엇보다 힘든 일이다.

d. 반선교법(1997년)

▎ 기독교 선교활동을 행정적, 법적으로 제한하며 선교단체의 신규 등록이나 허가를 일절 금하고 있다.

▎ 유대인에게 다른 종교(주로 기독교)를 전하기 위해 심리적인 압박을 가하거나 선물을 주거나 원조나 융자를 해주는 경우 형사상의 처벌을 받게 되어 있다.

▎ 의사나 교수로 온 사람이 선교 활동을 하는 경우도 즉시 출국 명령을 내릴 수 있게 되었고 경우에 따라 형사상 처벌을 면치 못하게 되어 있다.

e. 선교사정

입국시 무비자 3개월만 받을 수 있기 때문에 비자문제가 시급하다.

C. 이스라엘 선교의 기회요인

a. 극단적인 정통 유대교인은 인구의 10% 정도(2009년 기준)이며 정통주의 유대교인은 10-15%이다. 60%에 해당하는 대부분의 유대인은 세속화된, 명목상의 유대교인이다. 즉 민족 종교로서의 유대교는 역사적 전통일 뿐이고 실제 유대주의 의식은 점차 희미해져 가고 있다.

b. 젊은이들은 이전 세대보다 상처가 덜하고 그들의 종교에 무관심한 편이다. 또한 이들은 이스라엘을 중동의 한 국가로 보기보다는 서구국가들 가운데 하나라고

생각할 만큼 서구 문화에 익숙하며 개방적이다. 이스라엘의 젊은이들은 복음에 상대적으로 많이 노출되어 있는데 이는 하나님의 주권적 섭리를 보여준다.

c. 열방으로부터 유대인들의 귀환은 선교에 있어서 중요한 기회를 제공해 준다. 특히 가장 많은 수의 러시아계 유대인 이민자들은 공산주의 체제하에서 살아온 사람들이라서 정착 과정에 적극성과 진취성이 부족하다. 그들은 에티오피아계 유대인 이민자들과 함께 심한 가난과 문화 충격으로 모든 가치관이 변화되는 2-3년의 정착기에서 불안정한 상황에 처해있다.

d. 국제 정치적 상황에서 고립과 어려움으로 많은 자들의 마음이 가난해져 있다.

e. 높은 물가로 인한 경제적 어려움, 삶의 곤고와 외로움, 하나님의 강권적인 계시 등으로 그들은 복음에 관심을 가지고 있다.

2. 메시아닉 교회

A. 종교 상황

a. **유대교**: 이스라엘 사람들의 절반 이상은 힐로니(hiloni, 세속주의)이며 대략 20-25%는 하레디(haredi, 극단적 정통주의) 혹은 다티(dati = orthodox, 정통주의)이다. 나머지는 그들 자신들을 마소르티(masorti, 전통적으로 유대교 전통들을 지키지만, 정통주의만큼 종교적이지 않다)라고 말한다. 이스라엘의 마소르티와 힐로니는 미국에 있는 유대인들보다 유대교 전통들을 더 많이 지키고 있다. 그들은 안식일에 촛불을 켜며 코셔(kosher, 유대인의 율법에 상응하는 정결 음식법)를 지키는 등 제한적인 방법으로 일부 전통적인 관행들을 지킨다.

b. **이슬람교**: 이스라엘에 거주하는 아랍사람들의 85%가 해당되며 주로 이슬람 종파 중 수니파에 속한다.

c. **기독교**: 나사렛과 하이파에 거주하는 아랍인의 60%가 기독교인이다. 이스라엘 내의 대다수 기독교인들의 분포는 정교회(희랍, 시리아, 콥틱, 알메니안, 에티오피아)가 30%, 로마카톨릭이 60%, 그리고 개신교(루터교, 침례교, 장로교)는 2%밖에 되지 않는다.

1967년 예루살렘 수복 후 극소수의 유대인들이 예수를 믿기 시작했다.

d. **기타 종교**: 드루즈교, 까발라교, 바하이교 등

B. 메시아닉 교회의 역사적인 배경

a. 초대교회 시절에는 예수님을 믿는 자들을 노츠림(나사렛인)이라고 불렀다.

b. 베드로의 오순절 설교 후에 메시아닉 유대인은 로마 제국 전역과 제국 밖으로 급속도로 퍼져나갔다. 그들은 메시아에 대한 메시지를 그들이 속한 나라의 유대인들에게 전했다.

c. 2세기 초, 1세기의 열정은 이미 식었고 이단들이 문제로 드러나기 시작했다.

┃ 에비온파: 초대교회시대의 유대교 성향의 이단종파로 가장 보편적인 내용은 모세의 율법을 지나치게 강조하고 예수님의 신성을 부인하며 바울 서신의 가르침을 거부한다.

┃ 교회의 친유대화: 유대인처럼 사는 것을 그들이 가진 믿음의 유대적인 뿌리를 표현하는 것으로 생각하는 이방인들이 있었다. 바울은 이방인 신자들에게 유대인이 되고자 하거나 유대인처럼 행동하려고 노력하지 말라고 경고했다.

"보라 나 바울은 너희에게 말하노니 너희가 만일 할례를 받으면 그리스도께서 너

희에게 아무 유익이 없으리라 내가 할례를 받는 각 사람에게 다시 증언하노니 그
는 율법 전체를 행할 의무를 가진 자라 … 그리스도 예수 안에서는 할례나 무할례
나 효력이 없으되 사랑으로써 역사하는 믿음뿐이니라" 갈 5:2-3, 6

d. 4세기 초에 로마제국을 통치하던 콘스탄틴 대제가 기독교로 개종하였다. 기독
교가 로마 제국에서 인정받고 세력을 얻었을 때 메시아닉 유대인에게는 힘든
시대가 닥치기 시작했다. 교회는 메시아닉 유대인들의 정체성과 풍습에 대항
하여 유리한 위치를 차지하면서 교회를 '새 이스라엘' 이라고 여겼다.

▎ 지난 수세기 동안 믿음을 지킨 유대인들의 선택

  » 교회의 일원이 되어 이방 문화에 동화됨에 따라 유대인의 정체성을 상실
    하게 되었다.
  » 여러 세기 동안 이들은 유대인 됨을 포기하도록 강요당했다.
  » 자신의 신앙을 고백한 후 유대인 공동체로부터 배척을 당했다.

▎ 제롬(AD 345-420): 어거스틴에게 보낸 그의 편지에서 '유대인 신자들은 그
  리스도를 동정녀 마리아에서 태어난 하나님 아들로 믿고 있으며 그리스도가
  본디오 빌라도에게 고난을 받고 부활하셨다고 고백한다. 그들은 복음이 이방
  인에게 전해지는 것을 당연하게 여기고 이방인에게 율법의 짐지우기를 거절
  했다' 고 말한다. 유대교의 할라카¹를 거부하고 예수님을 메시아로 인정함으로
  써 동족 유대인들에게서 배척당한 그들은 교회에서도 이전의 위치를 박탈당
  했으나 교회에 대해 냉소적인 태도를 취하지 않았다. 그들은 이방 교회를 거
  절하지 않았지만 이방 교회는 그들을 거절했다. ²

▎ 오리겐(AD 184-254): 5대에 걸친 노츠림은 15만 명을 넘지 않았다고 한다.
  유대인의 정체성을 지키면서 예수를 받아들였던 노츠림은 그 이후에는 어떠
  한 자료에도 등장하지 않은 채 역사 속으로 조용히 사라졌다.

---

1 성경법 613계명과 탈무드, 랍비법, 관습과 전통을 포함한 유대교의 종교법이다.

2 Ray Pritz, Nazarene Jewish Christianity(Jerusalem: Magnes press), 1988, p.53

e. 19세기 예수님을 믿는 유대인의 수가 급격히 늘기 시작했는데, 특히 동유럽에서 많이 생겨났다. 그곳에서 유대인 지도자인 소수의 랍비들은 예수님을 믿게 되었는데 솔로몬 알렉산더(Solomon Alexander)와 이삭 리히텐슈타인(Isaac Liechtenstein)이 대표적 랍비들로 이 두 사람의 전기는 그 시기의 영적 운동에 빛을 크게 비췄다.

참조

1) 솔로몬 알렉산더는 1799년 프러시아 정통 유대인 가정에서 태어났다. 21세 때 그는 영국으로 이민을 갔고 곧바로 노르위치(Norwich)에서 랍비가 되었다. 파란만장한 삶을 경험한 후에, 그는 예수님을 그의 메시아로 영접하였다. 그 후 그는 영국 성공회에서 주교로 임명받고 1841년 이스라엘로 이주하여 근대 이후 예루살렘 최초의 개신교 주교가 되었다.

2) 이삭 리히텐슈타인은 예수님에 대해 설교했던 랍비였다. 그는 19세기 초 헝가리와 중부 유럽의 여러 나라들에서 유대인들에게 예수님이 그들의 메시아로 고백하도록 전하는 설교를 할 때 그들은 혼란스러워했다.

C. 현대 메시아닉 교회

a. 이스라엘에 거주하는 유대인들은 특히 1967년 6일 전쟁과 1973년 욤키푸르 전쟁 이후에 영적인 문제에 대한 높은 관심을 갖게 되었다. 1990년대에 소련이 붕괴될 때 많은 유대인들에게 이스라엘로 이민하고자 하는 열망이 일어났고, 또한 성경과 새 언약의 복음을 알고자 하는 관심이 새롭게 일어났다.

b. 첫 번째 메시아닉 교회는 1960-70년 전환기에 예루살렘에서 태어났다. 1970년대 중반 메시아닉 지도자 모임에서 '예수를 믿는 유대인은 누구인가?' 라는 질문에 대해 '우리는 메시아닉이다' 라는 새로운 정의를 채택했다.

c. 메시아닉 교회 현황: 가정 교회를 포함해 이스라엘 전역에 약 120개 정도가 있으며, 현재 메시아닉 유대인은 약 15,000명 정도(인구의 0.2%)이다. 그 외 미국, 캐나다, 서유럽, 남미, 뉴질랜드, 호주 등에 약 수십 만 명의 메시아닉 유대인들이 있다.

D. 메시아닉 교회 위상의 변화

a. 초기 유대인 교회에서는 이방인을 동료 신자로 환영하였다.

b. 수년 후 리더십의 우위가 유대인에서 이방인으로 옮겨졌다.

c. 수세기 동안 교회는 거의 오로지 이방인을 위해서 존재했다.

d. 우리 시대에 많은 메시아닉 유대인들이 있으며, 메시아닉 유대인 리더십이 교회에서 회복되어지고 있다.

E. 메시아닉 유대인의 믿음과 정체성

a. 메시아닉 유대인에 대한 중요한 질문은 '나는 누구인가'이다. 랍비의 가르침에서는 예수님을 믿는 유대인은 더 이상 유대인이 아니고 기독교인(나사렛파)으로 규정한다. 그러나 메시아닉 유대인에게는 중요한 원칙이 있는데 그들이 예수님을 믿어도 여전히 유대인이라는 것이다.

b. 오직 구약과 신약만이 그들의 성경이다. 성경만이 메시아닉 유대인의 실제적인 삶과 영적인 삶의 모든 영역에서 절대적인 권위를 가진다. 메시아닉 유대인들은 성경은 하나님의 영으로 기록되었으며 원본에는 어떠한 오류도 없다고 믿는다.

c. 메시아닉 유대인은 그들과 기독교인들 사이에 벽이 있으면 안 된다고 생각한다. 물론 아랍 형제들과도 마찬가지이다. 모두 예수님 안에서 영적인 한 몸이다. 유대인의 뿌리보다 더 중요한 것은 인간이 되셔서 모든 사람을 위해 죽으신 예수님이다.

F. 기독교인과 메시아닉 유대인

a. 기독교인과 메시아닉 유대인과의 공통점

- » 예수님은 이스라엘의 약속된 메시아이다. 그분은 인자인 동시에 하나님의 아들이시다
- » 하나님은 창조주이시며 하늘에 계신 아버지이시다
- » 성령님은 삼위일체의 3번째 위이시다
- » 교회의 사도적인 역할(행 2:38-42, 롬 16:1-2)과 직임(엡 4:11)의 이해 서로 협력하고자 하는 열망과 모든 사람에게 복음을 전파하려는 노력

b. 기독교인과 메시아닉 유대인과의 차이점

- » 성경 절기(안식일, 유월절, 오순절, 초막절)를 기념하는 것을 중요하게 생각한다
- » 남자 아이의 할례(창 17장)
- » 선민의식과 이스라엘이 모든 나라 가운데 빛이 되어야 한다는 믿음
- » 신앙고백과 교회의 성례의 부족
- » 하나님께서 말일에 모든 유대인들을 이방인 나라들로부터 모으시고 구원하셔서 성경에서 약속한 땅과 나라를 주실 것이라는 믿음(사 60-62, 렘 3:14-18, 롬 11:26-27)
- » 어떤 형태로든 대체 신학을 거부한다

G. 메시아닉 교회의 특징

a. 예배의 형태: 대부분 복음적인 형태를 갖추고 있다

b. 상황화된 공동체: 구약의 3대 절기인 유월절, 오순절, 장막절을 예수 그리스도의 십자가의 대속의 의미로서 지킨다

c. **구제와 치유 공동체**: 이민자를 위해 정기적인 복지와 도움을 제공한다

H. 메시아닉 유대인의 핍박 상황

유대인으로서는 예수님을 믿는 것을 빼고는 거의 모든 것을 다 할 수 있다. 예수님을 믿는 즉시 배반자로 취급된다. 어떤 종교적인 유대인은 메시아닉 유대인들을 '나치'라고 부르면서 그들이 유대인들의 영혼을 죽이려고 한다고 생각한다.

a. 때로는 폭탄과 위협과 죽음의 협박이 있다(자비의 장막교회, 부림절 테러사건, 아라드 광야교회)

b. 메시아닉 유대인 이민에 대한 귀환법: 에티오피아계 메시아닉 유대인

c. 유대인들의 반기독교 정서는 하나의 생활 문화가 되어있다

예) 더하기 '+' 기호 대신에 'ㅗ'로 표기, 교차로도 십자가가 아니라 써클로 되어 있음

I. 메시아닉 유대인의 최근 상황

a. 메시아닉 유대인들은 이제 거리로 나가서 그들의 동족에게 복음을 외친다

b. 수백 명의 청년 메시아닉 유대인들이 이스라엘 군대 IDF에서 복무하고 있다

c. 메시아닉 유대인과 정통파 유대인간의 대화가 시도되고 있다

d. 메시아닉 유대인의 사회적 지위 향상 가능성도 커지고 있다

e. 정치 정당이 메시아닉 유대인들에게 환심을 얻으려 했다(2013년 총선)

J. 메시아닉 유대인의 사역의 실제

a. Jews for Jesus

b. Israel Bible Soceity

c. 구원의 집(Beit Ha Yeshua): 약물과 알콜 중독자를 위한 재활센터

d. 홀로코스트 생존자 사역

e. Bead Chaim(Pro Life): 낙태 반대 단체

f. 나쪼르 메시아닉 유대인 신병훈련소

g. 이스라엘 성서 대학(ICB)

▧ 적용 및 기도:

이스라엘 선교와 메시아닉 교회

제5과 우리가 해야 할 일은 무엇인가?

1. 이스라엘을 향한 하나님의 마음

"너희의 하나님이 이르시되 너희는 위로하라 내 백성을 위로하라 너희는 예루살렘의 마음에 닿도록 말하며 그것에게 외치라 그 노역의 때가 끝났고 그 죄악이 사함을 받았느니라 그의 모든 죄로 말미암아 여호와의 손에서 벌을 배나 받았느니라 할지니라 하시니라" 사 40:1-2

하나님은 우리 그리스도인들이 하나님 아버지 마음을 품고 이스라엘의 회복을 위한 동역자가 되기를 원하신다. 교회는 복음에 빚진 자로서 하나님의 부담감을 가지고 그들의 구원을 위해 힘써야 한다. 왜냐하면 이방인이었던 우리가 이스라엘을 통해 신령한 것을 받았기에 그들을 돕는 것은 당연하기 때문이다.

A. 탕자인 이스라엘을 대하는 장자인 교회의 태도

유대인 전체는 아버지 집을 떠났다. 그러나 이제 그들은 돌아오고 있다. 교회는 대부분 탕자의 귀환을 기뻐하지 않은, 집에 머물고 있던 아들이다. 지금은 교회가 돌아온 탕자의 귀환을 환영해야 할 때이다.

B. 이방인 룻과 같이 이스라엘을 긍휼히 여겨야 한다.

> "룻이 가로되 나로 어머니를 떠나며 어머니를 따르지 말고 돌아가라 강권하지 마옵소서 어머니의 백성이 나의 백성이 되고 어머니의 하나님이 나의 하나님이 되시리니" 룻 1:16

룻기는 역사적 사건인 동시에 교회와 메시아간의 비유이다. 나오미의 며느리인 룻(히브리어로 '친구'라는 뜻)은 그녀의 기업 무를 자인 유대인 보아스와 그녀의 유대인 시어머니에게 언약관계로 들어간 이방인이었다. 룻은 결코 그들에게 등을 돌리지 않고 오히려 그들을 껴안았다. 하지만 또 다른 며느리인 오르바(히브리어로 '돌아가다'라는 뜻)는 룻과 같이 하지 않고 자신의 이방신들에게 돌아갔다. 이는 이방여인 룻과 오르바가 모두 언약백성에 접붙임을 받았지만 룻을 통해서 메시아가 오셨다. 이를 통해 교회들이 어떻게 유대민족을 대해야 할 것인가에 대한 예를 제시해 주고 있다.

C. 남은 자인 메시아닉 유대인을 통한 회복

하나님은 죄악을 심판하시면서도 '남은 자'를 통해서 새로운 구원을 창조해 나가신다. 오늘날 대다수의 유대인들은 예수님을 배척하고 있지만 그 가운데에도 소수의 메시아닉 유대인들이 있다.

아직까지도 유대인들이 민족적으로 메시아 예수님을 거절하고 있음에도 불구하고 유대인 선교에 힘써야 할 이유는 사도바울이 말한 '은혜를 따라 택하심을 입은 복음을 받아들일 자'가 있기 때문이다.

> "그런즉 이와 같이 이제도 은혜로 택하심을 따라 남은 자가 있느니라" 롬 11:5

D. 한 새사람(One New Man)

하나님 아버지께서 모든 것을 아들 안에서 통일시키실 때(엡 1:8-9) 그 분 마음 깊은 곳에서는 새로운 피조물 가운데 가장 영광스러운 모습인 '한 새사람'을 일으키고자 하는 뜻이 있다. 여기서 한 새사람은 한 몸 그리스도의 교회를 의미한다. 이 교회의 구성원은 유대인들과, 약속의 언약들에 있어서 멀리 떨어져 있던 이방인들로 구성된다. 이는 유대인들과 이방인들을 모아놓은 일종의 연합체가 아니라 전혀 새로운 존재로 '한 새사람'이며 새 창조이다.[1] 이것을 가능하게 하는 것은 그리스도를 죽은 자 가운데서 살리신 하나님의 능력으로만 된다.

그러므로 이제는 유대인과 이방인의 구분은 아무 의미가 없다. 예수 안에서 유대인이나 이방인, 야만인이나 미개인, 종이나 자유자, 남자나 여자, 이 모든 것은 다 없어졌고 그리스도 안에서의 '한 새사람'만이 존재한다.

> "그는 우리의 화평이신지라 둘로 하나를 만드사 원수 된 것 곧 중간에 막힌 담을 자기 육체로 허시고 법조문으로 된 계명의 율법을 폐하셨으니 이는 이 둘로 자기 안에서 한 새 사람을 지어 화평하게 하시고" 엡 2:14-15

2. 기도의 기초는 하나님의 약속이다

> "예루살렘이여 내가 너의 성벽 위에 파숫꾼을 세우고 그들로 종일 종야에 잠잠치 않게 하였느니라 너희 여호와로 기억하시게 하는 자들아 너희는 쉬지 말며 또 여호와께서 예루살렘을 세워 세상에서 찬송을 받게 하시기까지 그로 쉬지 못하시게 하라" 사 62:6-7

---

1   D.M. 로이드 존스, 에베소서 강해 2권. (기독교문서선교회, 1980), p338.

하나님의 약속이 성취되도록 기도하는 것은 중요하다. 주님은 때가 차면 이스라엘을 구원하시겠다고 약속하셨다. 성경은 역시 이스라엘을 위해 기도하는 자들을 부르시고 세우실 것을 말하고 있다. 기도자들은 밤낮으로 끈질기게 주님께 부르짖어야 한다. 하나님이 이스라엘을 회복하게 하시기 전까지 그들은 쉬어서는 안 되고 하나님도 쉬지 못하게 해야 한다. 하나님은 주권적으로 그분의 계획을 이루시지만, 기도는 우리가 이해할 수 없는 매우 중요한 역할을 한다. 이것은 하나님 나라의 비밀 중 하나이다.

A. 하나님은 그분의 백성들을 고토로 모으고 계시다

이스라엘 땅에 돌아온 그들에게 하나님을 향한 갈증과 하나님을 알고자 하는 의지가 일어날 수 있도록 기도하자.

B. 이스라엘을 축복하자

"너를 축복하는 자에게는 내가 복을 내리고 너를 저주하는 자에게는 내가 저주하리니 땅의 모든 족속이 너를 인하여 복을 얻을 것이니라 하신지라" 창 12:3
우리에게는 이스라엘을 위하느냐, 반대하느냐의 선택이 주어진다.

C. 메시아닉 유대인들을 위한 기도

어떤 상황에서라도 이스라엘에 복음을 전파할 수 있는 최고의 방법은 메시아닉 유대인들을 통하는 것이다.

D. 국가의 지도자들이 주님의 말씀과 약속을 믿을 수 있도록 기도해야 한다

국가의 운명은 일반적으로 통치자와 정부관계자의 선택과 태도에 의해서 결정된다.

우리가 해야 할 일은 무엇인가

복음은 예루살렘에서부터 시작해서 전 세계로 뻗어나갔고 이제 이스라엘로 돌아오는 중이다. 유대인들은 그들이 거부한 예수님이 메시아이심을 알기 시작했고 예수님은 한 유대인으로서 고향집으로 돌아오고 계신다. 예수님을 사랑한다면 그분의 마음이 있는 이스라엘을 사랑하는 것이 당연하다. 하나님의 말씀은 영원하다.

참조 말씀:
"주 여호와가 이같이 이르노라 내가 뭇 나라를 향하여 나의 손을 들고 민족들을 향하여 나의 기치를 세울 것이라 그들이 네 아들들을 품에 안고 네 딸들을 어깨에 메고 올 것이며 왕들은 네 양부가 되며 왕비들은 네 유모가 될 것이며 그들이 얼굴을 땅에 대고 네게 절하고 네 발의 티끌을 핥을 것이니 네가 나를 여호와인 줄을 알리라 나를 바라는 자는 수치를 당하지 아니하리라" 사 49:2–23

"여호와께서 이와 같이 말씀하시니라 너희는 여러 민족의 앞에 서서 야곱을 위하여 기뻐 외치라 너희는 전파하며 찬양하며 말하라 여호와여 주의 백성 이스라엘의 남은 자를 구원하소서 하라 보라 나는 그들을 북쪽 땅에서 인도하며 땅 끝에서부터 모으리라 그들 중에는 맹인과 다리 저는 사람과 잉태한 여인과 해산하는 여인이 함께 있으며 큰 무리를 이루어 이곳으로 돌아오리라" 렘 31:7–8

"여호와의 말씀이니라 보라 날이 이르리니 내가 이스라엘 집과 유다 집에 새 언약을 맺으리라 이 언약은 내가 그들의 조상들의 손을 잡고 애굽 땅에서 인도하여 내던 날에 맺은 것과 같지 아니할 것은 내가 그들의 남편이 되었어도 그들이 내 언약을 깨뜨렸음이라 여호와의 말씀이니라 그러나 그 날 후에 내가 이스라엘 집과 맺을 언약은 이러하니 곧 내가 나의 법을 그들의 속에 두며 그들의 마음에 기록하여 나는 그들의 하나님이 되고 그들은 내 백성이 될 것이라 여호와의 말씀이니라 그들이 다시는 각기 이웃과 형제를 가리켜 이르기를 너는 여호와를 알라 하지 아니하리니 이는 작은 자로부터 큰 자까지 다 나를 알기 때문이라 내가 그들의 악행을 사하고 다시는 그 죄를 기억하지 아니하리라 여호와의 말씀이니라 여호와께서 이와 같이 말씀하셨느니라 그는 해를 낮의 빛으로 주셨고 달과 별들을 밤의 빛으로 정하였고 바다를 뒤흔들어 그 파도로 소리치게 하나니 그의 이름은 만군의 여호와니라 이 법도가 내 앞에서 폐할진대 이스라엘 자손도 내 앞에서 끊어져 영원히 나라가 되지 못하리라 여호와의 말씀이니라" 렘 31:31–36

"이스라엘이 어렸을 때에 내가 사랑하여 내 아들을 애굽에서 불러냈거늘 선지자들이 그들을 부를수록 그들은 점점 멀리하고 바알들에게 제사하며 아로새긴 우상 앞에서 분향하였느니라 그러나 내가 에브라임에게 걸음을 가르치고 내 팔로 안았음에도 내가 그들을 고치는 줄을 그들은 알지 못하였도다 내가 사람의 줄 곧 사랑의 줄로 그들을 이끌었고 그들에게 대하여 그 목에서 멍에를 벗기는 자 같이 되었으며 그들 앞에 먹을 것을 두었노라 … 에브라임이여 내가 어찌 너를 놓겠느냐 … 내 마음이 내 속에서 돌이키어 나의 긍휼이 온전히 불붙듯 하도다" 호 11:1–4, 8

🏛 적용 및 기도:

우리가 해야 할 일은 무엇인가

메시아닉 신앙 고백서 STATEMENT OF BELIEF

MJAA (Messianic Jewish Alliance of America)

http://www.mjaa.org

THE MJAA Believes: That the BIBLE, consisting of the Tenach (Old Covenant/ Testament) and the later writings commonly known as the B'rit Hadasha (New Testament/Covenant), is the only infallible and authoritative word of God. We recognize its divine inspiration, and accept its teachings as our final authority in all matters of faith and practice (Deuteronomy 6:4-9; Proverbs 3:1-6; Psalm 119:89, 105; Isaiah 48:12-16; Romans 8:14-17; II Timothy 2:15, 3:16-17).

GOD:

We believe that the Shema, "Hear O Israel, the Lord our God, the Lord is one" (Deuteronomy 6:4), teaches that God is Echad, as so declared: a united one, a composite unity, eternally existent in plural oneness [Genesis 1:1 (Elohim: God); Genesis 1:26 "Let Us make man in Our image"; Genesis 2:24 Adam &Eve were created to be as one flesh (basar echad)], that He is a personal God who created us (Genesis 1 &2), and that He exists forever in three persons: Father, Son, and Holy Spirit, as mentioned in Romans 8:14-17 (Father, Spirit, and Messiah - Son) and Matthew 28:18-20 (immersing in the name of the Father, Son, and Holy Spirit).

GOD THE FATHER:

He is Our Heavenly Father as shown in: John 6:27b; I Corinthians 1:3; Galatians 1:1; Revelation 3:5, 21; Jeremiah 3:4, 19; 31:9; Malachi 1:6; Matthew 6:9, 32; Luke 10:21-22; John 1:14; 4:23; 5:17-26; 6:28-46; Romans 8:14-15.

GOD THE SON:

God does have a Son who was and is and will return (Psalm 2; Proverbs 30:4-6 (cf. Hebrews 1); Luke 12:35-37; John 1:29-34, 49; 3:14-18). The Son, called Yeshua (Jesus), meaning salvation, came to this world born of a virgin (Isaiah 7:14 (cf. Luke 1:30-35)). The Son is God (Deity), and is worshiped as God, having existed eternally (Psalm 110:1 (cf. Hebrews 1:13); Isaiah 9:6-7; Matthew 28:18-20; Philippians 2:5-11; Colossians 1:15-19; Revelation 3:21 (Hebrews 1 - worshiped by angels); Revelations 4:8, 5:5-14). This One is the promised Mashiach (Messiah) of Israel (Isaiah 9:6-7; 11:1; Daniel 9 (especially verses 20-26); Isaiah 53; John 1:17, 40-41, 45, 49; Mark 8:29). He is the root and offspring of David, the bright and morning star (Numbers 24:17; Revelation 22:16). He is our Passover, the Lamb of God (I Corinthians 5:7; Revelation 5; John 1:29).

GOD THE SPIRIT:

Introduced in Genesis 1:2b: "And the Spirit of God was hovering over the face of the waters." In the Tenach, the Spirit of God came upon individuals during the times of our forefathers, like Moses, David (see II Samuel 23:1-3), and the Prophets, for the specific purposes.

In the New Covenant, the Messiah Yeshua, promised His disciples that "the Comforter" would come to them after He was gone, described as the Spirit of Truth (John 14:17, 26), who was with them and would be in them. Yeshua further declared that the Spirit of Truth, would guide us into all truth and would glorify Him - the Messiah - not Himself (John 16:13-15). He empowers us (Acts 1:8). The Spirit of God seals us (Ephesians 1:13; 4:30 (see NIV and Jewish New Testament versions)). If we have not the Spirit, we are not His (Romans 8:9). He leads us and teaches us (Romans 8:14-17). His indwelling enables us to live a godly life. Acts 2:38 says, "Repent, be immersed, and receive the Holy Spirit."

HUMANITY AND SIN:

Men and women are created in the image of God (Genesis 1:26-27), however because of disobedience, mankind fell from the first state and became separated from God (Genesis 2:17; 3:22-24). Therefore, according to the Scriptures, all humans are born with a sinful nature (Psalm 14:1-3; 49:7; 53:13; Isaiah 64:6; Romans 3:9-12, 23; 5:12).

Our only hope for redemption (salvation) is through the atonement made by the Messiah (Leviticus 17:11; Isaiah 53; Daniel 9:24-26; I Corinthians 15:22; Hebrews 9:11-14, 28; John 1:12, 3:36), resulting in regeneration by the Holy Spirit (Titus 3:5), which is the new birth (John 3:3-8). For by grace we are saved through faith, it is a gift of God (Ephesians 2:8-9).

RESURRECTION AND JUDGEMENT:

We believe in the resurrection of both the redeemed and the lost: the former to everlasting life and the latter to eternal separation from God, a state of everlasting punishment (Job 14:14; 19:25-27; Daniel 12:2-3; John 3:36; 11:25-26; Revelation 20:5-6, 10-15; 21:7-8).

THE MESSIAH – The Anointed one and Redeemer:

The Scriptures promised two "comings" of the Messiah.

First coming:

Promised in Daniel 9:24-26. The initial coming's purpose was to make atonement (covering) for sin (Daniel 9:24-26; Isaiah 53; Romans 3:21-31; Hebrews 9-10; John 3:16-17)—as the Suffering Messiah. The Redeemer shall come to Zion (Isaiah 59:20-21; Zechariah 14:4).

메시아닉 신앙고백서

Second coming:
The Messiah Yeshua will return to the earth as King (Revelation 19:11-16). Upon His return, a many wonderful thing will happen: He will bring with Him an army of the Heavenly hosts, and those who went on before us (Revelation 19:14) and those who are still on earth will meet in the air to receive the believers to Himself (I Thessalonians 4:13-18; John 14:1-6; I Corinthians 15:51-57).Jerusalem Assembly

Jerusalem Assembly

1. CONCERNING THE SCRIPTURES
We believe that the Scriptures of the Old and New Testaments as originally written were God-breathed, both verbally and in every part. We believe God, who is Truth, communicated through Spirit-controlled men so that the Scriptures are without error and therefore authoritative in all they teach. We believe the Bible is the supreme revelation of God's will for man and constitutes the only infallible guide for faith and life.

Matthew 5:18; 15:4-6 / Galatians 3:16 / Mark 12:36 / II Timothy 3:16 / John 10:34, 35 / Hebrews 4:12 / Acts 1:16 / II Peter 1:19-21 / Romans 3:1-4 / Revelation 22:18,19

2. CONCERNING THE TRUE GOD
We believe in one God. That in the unity of the Godhead there are three persons, the Father, the Son, and the Holy Spirit, the creator of heaven and earth, equal in power, and executing distinct and harmonious offices in the great work of redemption.

Genesis 1:1 / Matthew 3:16,17; 28:19,20 / Exodus 20:2,3 / John 1:1-3; 5:36-40 / Deuteronomy 4:35; 6:4; 32:39 / Romans 1:1-6 / Psalm 2:7-9 / I Corinthians 8:6 / Isaiah 45:14; 46:9 / Ephesians 1:3-10; 4:3-6

3. CONCERNING THE LORD JESUS CHRIST
We believe that the Lord Jesus Christ, the eternal Son of God, was conceived by the Holy Spirit and born of the Virgin Mary as no other man was ever nor can be born of a woman. He is very God of very God, being "God manifest in the flesh." He lived a life of absolute sinlessness and in His death made a full and vicarious atonement for our sins, dying not as a martyr, but as a voluntary substitute in the sinner's place. He rose from the dead on the third day and ascended bodily into heaven. He will return to rapture

His saints. After the tribulation, He will set up the throne of David and establish His kingdom. We believe the rapture of the church is imminent and will be personal, pre-tribulational and pre-millennial.

Isaiah 7:14 / I Thessalonians 4:16 / Matthew 1:18-25; 28:6 / II Thessalonians 2:6-8 / John 1:1, 14:3 / I Peter 2:22; 3:18 / Acts 15:16 / Colossians 2:9 / Rev 3:10

4. CONCERNING THE HOLY SPIRIT

We believe that the Holy Spirit is a divine person, eternal, underived, possessing all the attributes of personality and deity including intellect, emotions, eternality, omnipresence, omniscience, omnipotence, and truthfulness. In all the divine attributes He is coequal and consubstantial with the Father and the Son.

1 Corinthians 2:10-13 / 1 Corinthians 12:11 / Hebrews 9:14 / Psalm 139:7-10 / Isaiah 40:13-14 / Romans 15:13 / John 16:13 / Matthew 28:19 / Acts 5:3-4; 28:25-26 / 1 Corinthians 12:4-6 / 2 Corinthians 13:14 / Jeremiah 31:31-34 / Hebrews 10:15-17

We believe that it is the work of the Holy Spirit to execute the divine will with relation to all mankind. We recognize His sovereign activity in creation, the incarnation, the written revelation, and the work of salvation.

Genesis 1:2 / Matthew 1:18 / 2 Peter 1:20-21 / John 3:5-7

We believe that a unique work of the Holy Spirit in this age began at Pentecost when He came from the Father as promised by Christ to initiate and complete the building of the body of Christ. His activity includes convicting the world of sin, of righteousness, and of judgment, glorifying the Lord Jesus Christ, and transforming believers into the image of Christ.

John 14:16-17; 15:26 / John 16:7-9 / Acts 1:5, 2:4 / Romans 8:29 / 2 Corinthians 3:18 / Ephesians 2:22

We believe that the Holy Spirit is the supernatural and sovereign agent in regeneration, baptizing all believers into the body of Christ. The Holy Spirit also indwells, sanctifies, instructs, empowers them for service, and seals them unto the day of redemption.

1 Corinthians 12:13 / Romans 8:9 / 2 Corinthians 3:6 / Ephesians 1:13-14

We believe that the Holy Spirit is the divine teacher who guided the apostles and prophets into all truth as they committed to writing God's revelation, the Bible. Every believer possesses the indwelling presence of the Holy Spirit from the moment of salvation, and it is the duty of all those born of the Spirit to be filled with (controlled by) the Spirit.

John 16:13 / Romans 8:9 / Ephesians 5:18 / 2 Peter 1:19-21 / 1 John 2:20, 27

We believe that the Holy Spirit administers spiritual gifts to the church. The Holy Spirit glorifies neither Himself nor His gifts by ostentatious displays, but He does glorify Christ by implementing His work of redeeming the lost and building up believers in the most holy faith.

John 16:13-14 / Acts 1:8 / 1 Corinthians 12:4-11 / 2 Corinthians 3:18

We believe that God the Holy Spirit is sovereign in the bestowing of His gifts, and that any gift given by the Holy Spirit must be exercised according to Scriptural guidelines. Furthermore, we believe that experience does not establish spiritual truth. Scripture alone establishes what is true.

1 Corinthians 12:4-11 / 1 Corinthians 13:8-10 / 2 Corinthians 12:12 / Ephesians 4:7-12 / Hebrews 2:1-4

5. CONCERNING MAN

We believe the Scripture teaches that man was created by a direct act of God and not from any previously existing form of life. By voluntary transgression, he fell from his state of innocence, in consequence of which all men are now sinners by nature and by choice, utterly devoid of the holiness required by law, positively inclined to evil, and therefore under just condemnation to eternal punishment and everlasting existence separated from God without defense or excuse.

Genesis 1:27 / Isaiah 53:6 / Psalm 51:5; 58:3 / Romans 3:23; 5:12-19 / Ecclesiastes 7:20

6. CONCERNING SALVATION

We believe the Scriptures teach that salvation of sinners is divinely initiated, wholly of grace, and accomplished through the mediatorial work of the Son of God; that it is wholly apart from works and is upon the sole condition of faith in the death, burial, resurrection of the Lord Jesus Christ and never without genuine repentance; that in order to be saved, the sinner must be born again, being regenerated by the power of the Holy Spirit through faith in God's word and becoming the recipient of a new nature; that the great gospel blessing which Christ secures to such as believe in Him is justification, that judicial act of God accompanied by the pardon of sin and the imputation of divine righteousness, not because of any works of righteousness on our part, but solely through faith; that the believer who has exercised personal faith in the Lord Jesus Christ is completely justified and in possession of a salvation which is eternally secure.

John 3:3-6, 16; 10:28,29 / Ephesians 2:8-10 / Acts 13:39 / I Timothy 2:5,6 / Romans 1:16; 2:4 / I Corinthians 15:1-4 / II Corinthians 7:9,10 / I Peter 1:18-23 / II Peter 1:4

하나님 마음으로 배우는 이스라엘

7. CONCERNING THE CHURCH

We believe the Scriptures teach that the Church of Jesus Christ is distinct from Israel. The Church was inaugurated at Pentecost and must be considered in two aspects; the local church and the "Church which is His body."

The local church is a congregation of baptized believers, associated by a covenant in the faith and fellowship of the Gospel, observing the ordinances of Christ, governed by His laws, and exercising the gifts. Its Scriptural offices are pastors, sometimes called bishops or elders, and deacons, whose qualifications and duties are defined in the epistles to Timothy and Titus.

The pastoral office is clearly limited to men. God specifically assigned the headship and authority in the local church to men.

We hold to the following Scriptural distinctives:

1. Sole authority of the Scriptures for faith and practice.
2. Autonomy of the local church.
3. Believers' baptism by immersion before church membership.
4. Two offices, pastor (elder, bishop) and deacon.
5. Two ordinances, baptism and the Lord's table.
6. Individual priesthood of the believer.
7. Separation of church and state.

These 7 distinctives lead us to identify ourselves with those who historically have called themselves Baptists.

The "church which is His body" is the entire company of believers in Christ, whether Jew or Gentile, regardless of denominational affiliation and present position in heaven or on earth. We believe Jews and Gentiles become one in Jesus.

We believe the rapture of the church is imminent and will be personal, pre-tribulational and pre-millennial.

Matthew 28:19,20 / Ephesians 1:22,23 / Acts 1:5; 2:1-4, 41,42; 10:44,45; 11:15-16. / I Timothy 2:11-14; 3 / Titus 1 / I Corinthians 10:32; 12:13 / Hebrews 12:23 / I Thessalonians 4:16-17 / Ephesians 2:11-17

8. CONCERNING BAPTISM AND THE LORD'S SUPPER

We believe the Scriptures teach that Christian baptism is the single immersion of a believer in water, in the name of the Father, the Son, and the Holy Spirit, to show his identification with the crucified, buried, risen Savior, thus illustrating the believer's death to sin and his resurrection to a new life. It is prerequisite to membership in a local church.

We believe that the Lord's Supper is the commemoration of His death until He comes and should be preceded by solemn self-examination. Observance of the Lord's Supper must be observed under the discipline of the local church.

Acts 8:36-39 / Romans 6:3-5 / I Corinthians 11:23-28 / Matthew 28:18-20.

9. CONCERNING THE ETERNAL STATE

We believe the Scriptures teach that there is bodily resurrection of the just and the unjust. All those who through faith are justified by the finished work of the Lord Jesus Christ will spend eternity in full enjoyment of God's presence and those who through impenitence and unbelief refuse to accept God's offer of mercy will spend eternity in everlasting punishment.

Psalm 16:11 / John 5:28,29; 14:2 / Daniel 12:2 / Revelation 20:14,15; 21:4 / Matthew 25:46

10. CONCERNING SATAN

We believe the Scriptures teach that there is a personal devil who is the "god of this age" and "the prince of the power of the air," who is full of all subtlety, who seeks continually to frustrate the purposes of God and to ensnare men, and who was conquered by Christ on the cross and condemned to everlasting punishment.

II Corinthians 4:4; 11:13-15 / Hebrews 2:14 / Ephesians 2:2 / Revelation 12:9 / I Peter 5:8.

11. CONCERNING PERSONAL SEPARATION

We believe the Scriptures teach that every believer should be separated unto God from the world, and by the power of the Holy Spirit should walk in Christian love and holiness, exhibiting qualities of honesty, integrity, forgiveness, and lovingkindness. We further believe that any achievement in these characteristics will be evidenced by sincere humility and genuine zeal for the advancement of the cause of Christ. We also believe the Scriptures admonish every believer not to love the world or the things in the world, but rather to flee evil desires, avoid every kind of evil, and refrain from questionable practices which destroy one's testimony, offend one's brother, and fail to glorify God.

Proverbs 15:33 / Galatians 5:22-25 / Romans 14:19-21 / Ephesians 4:32; 5:1,2,8-10, 15-20 / I Corinthians 6:18-20; 8:9-13; / Phillipians 4:8 / I Corinthians 10:23,33 / I Thessalonians 4:7, 5:22 / II Corinthians 7:1 / I Peter 5:5,6

12. CONCERNING ECCLESIASTICAL SEPARATION

We believe the Scriptures teach that the believer should be separated from apostasy exemplified in ecclesiastical organizations that include radicals, liberals, and those who sanction theological compromise. This doctrine is based upon God's eternal principle of division between truth and error and His specific command to be separate from unbelievers and disobedient brethren. This truth is to be practiced with an attitude of

하나님 마음으로 배우는 이스라엘

devotion to God, humility, compassion, and yet with conviction, to create the proper condition and atmosphere for the main objective, i.e. the salvation of the lost through the Gospel of grace. We believe ecumenical evangelism that involves apostates* and/or unbelievers violates the principles taught in God's Word.

Matthew 10:34-39; 18:15 / Galatians 1:8,9 / Romans 16:17 / I Timothy 6:3-6 / I Corinthians 5:7-13 / II Timothy 2:16-18 / II Corinthians 6:14; 11:4 / Titus 3:10 / II John 9-11

* In regard to ministry and evangelism, we believe that the church should not be associated with persons, fellowships or organizations who do not hold to the essentials of salvation as written in Romans 10:9-10 and I Corinthians 15:1-4.

מקור התקוה

The following are the more classic and shared biblical doctrines of those families whose children attend Makor HaTikvah:
We believe that Yeshua the Messiah, the Son of God, was conceived of the Holy Spirit, born of the virgin Miriam, was crucified, dead, buried, resurrected; that He ascended into Heaven and is now seated at the right hand of God the Father and is true God and true man. (Luke 1: 26-35; John 1 14-18; Isaiah 7:14, 9:6)
We believe the Bible, in its entirety, to be the inspired Word of God and the only infallible rule of faith and conduct. (II Timothy 3:16; I Corinthians 2:13)
We believe in the salvation of sinners by grace, through repentance and faith in the perfect and sufficient work of Messiah, through his death and shed blood, by which we obtain remission of sins. (Ephesians 2:8-9; Hebrews 9:12, 22; Romans 5:11)
We believe in water immersion as a declaration of leaving the old man behind and being raised to a new creation under the Lordship of Yeshua the Messiah.(Matthew 28:19; Acts 2:34-36, 19:1-6)
We believe in the soon-coming, personal, visible return of Yeshua the Messiah. (John 14:2-3; I Thessalonians 4:13-18)

제공: 이스라엘 성서공회(The Bible Society in Israel)

❘ 참고 도서

❘ 김충렬. 「다시 예루살렘으로 갈 것입니다」 서울: 쿰란출판사, 2014.

❘ 이향숙. "이스라엘 선교를 위한 메시아닉 교회모델에 관한 연구" 석사 학위논문. 서울: 아세아 연합신 학대학원, 2005.

❘ 하용조. 「로마서의 비전」 서울: 사단법인 두란노서원, 2013.

❘ 최인식. 「유대교 산책」 서울: 도서출판 예루살렘 아카데미, 2011.

❘ Brown, Michael. *OUR HANDS ARE STAINED WITH BLOOD.* 「유대민족의 비극적 역사와 교회」 김영우역. 서울: 종합선교 한사랑, 2009.

❘ D.M. 로이드 존스. 「로마서 강해」 11권 서울: 기독교문서선교회, 2007.

❘ D.M. 로이드 존스. 「에베소서 강해」 2권 서울: 기독교문서선교회, 1980.

❘ Finto, Don. *Your People Shall Be People.* 「당신의 백성이 나의 백성이 되고」 유지연 옮김. 서울: 횃셔북스 지식과 지혜, 2010.

❘ Harry Kroger. *For the sake of THE HOLY ONE OF ISRAEL.* Sitpa Ltd, Kellokoski, Finland, 2011.

❘ Intrater, Keith. *Covenant Relationship.* Jerusalem: Destiny Image Publishers, 2000.

❘ Julia, Fisher. *Israel's New Disciples.* Lion Hudson plc, Oxford, England. 2008.

❘ Louis, oldberg. *Our Jewish Friends.* Assignee Published by Loizeaux Brothers Inc, Neptune, New Jesey, 1983.

❘ Poor Heretics, Ebionites. *In the texts of the Church Fathers.* Publication 223 of the Finnish Theological Literary Society, 1999.

❘ Prince, Derek. *Promised Land.* 「약속의 땅」 한동대 오르역. 서울: 이스트윈드, 2003.

❘ Sid Roth. *The Incomplete Church.* 「마지막 부흥을 위하여」 박철수 옮김. 서울: 도서출판 순전한나드, 2014.

❘ Wilson R. Marvin. *Our Father Abraham Jewish Roots of the Christian Faith.* 「기독교와 히브리 유산」 이진희역. 서울: 도서출판 컨콜디아사, 2010.

▎**KIM**(Korean Israel Mission)**의 부르심**

우리는 최근 복음이 유례없이 빠른 속도로 전 세계로 전해지고 모든 민족이 예수님을 구원자로 영접하는 것을 보는 선교의 시대에 살고 있습니다. 복음이 전해지기 어려운 지역으로 분류되는 중동의 작은 나라인 이스라엘에도 복음은 전해지고 있으며 아직은 연약하지만 유대인으로 구성된 교회들이 계속해서 태어나고 있습니다. KIM은 세계 각국의 한인교회들과 선교단체들을 메시아닉 교회들과 연결시켜서 메시아닉 교회가 잘 성장할 수 있도록 돕는 사역을 하는 선교단체입니다.

KIM은 불모지와 같았던 이스라엘 선교를 위해 지난 12년간 꾸준히 여러 가지 활동을 지속해 왔습니다.

유대인 사역자 초청, 이스라엘 관련 도서 출판, 유대인 기도편지 번역과 발송, 이스라엘 투데이紙 한국어판 관리와 발송, 성경적 이스라엘 비전스쿨, 유대교육 비전트립과 세미나, 그리고 12년 동안 매년 진행된 이스라엘 비전트립을 통해서 이스라엘을 향한 하나님의 마음을 지속적으로 알려왔습니다.

KIM은 예수님이 영광의 왕으로 이 땅에 다시 오실 것을 꿈꾸며 온 이스라엘이 예수님을 향하여 "찬송하리로다, 주의 이름으로 오시는 이여!"(마 23:39)라고 외치는 그 날을 위해 지금까지 달려왔던 길을 묵묵히 걸어가기를 소망하고 있습니다.

▎**KIM**(Korean Israel Mission)**의 사역**

KIM(Korean Israel Mission)은 진리에 기초한 성경적으로 균형 잡힌 이스라엘 회복과 예수 그리스도 안에서 유대인과 이방인이 한 새사람을 이루기를 원하시는 하나님의 소망을 이루어 드리기 위해 하나님 아버지 마음으로 섬기고 있습니다.

1. 이스라엘 메시아닉 교회들과 한인교회 네트워크 및 자매 결연
2. 메시아닉 교회 기도편지 번역 발송 및 문서 발간
3. 메시아닉 사역자 초청집회
4. 이스라엘 비전트립
5. 리쉬마 유대교육 비전트립 및 세미나
6. 이스라엘 성경적 비전스쿨
7. 이스라엘 한국 문화센터

I 메시아닉 단체 및 교회

1. 이스라엘 성서공회(The Bible Society in Israel)

▌ 사역자: Victor Kalisher

▌ 소개글: 각 나라에서 돌아온(알리야) 유대인들을 위해 각국 언어로 된 성경을 출판
하고, 메시아닉 책자들과 전도지들을 발간하며 한 달에 몇 번씩 전도사역도 나간다.
인터넷 사이트를 통해 신약성경 교육 프로그램도 진행하는데 무기명으로 매주 수천
명이 접속한다. 놀랍게도 정통 유대인들이 비밀리에 성경을 배우러 방문하기도 한
다. 몇 년 전에는 구약에 계시된 예수님을 발견하는 히브리 주석 성경을 발간하여 대
통령과 수상에게 전달하였고 이스라엘 국회 도서관에도 비치하였다.

참조: 빅터 사역자 / 브래드TV http://www.bradtv.co.kr/pro_01/6090

2. 유대인 선교단체(Jews For Jesus)

▌ 사역자: Tuvya Zaretsky, Dan Sered, Tzach Danor

▌ 소개글: 영화 '회복'에 나오는 노방 전도팀으로 유대인의 구원을 위해 많은 고통과
위협, 핍박 가운데서 적극적으로 복음을 증거하는 단체이다. 이스라엘 텔아비브 지
부는 약 30명의 스탭이 있는데 모두 유대인으로 구성되어 있다. 'Behold your God'
이라는 캠페인으로 복음전도 운동을 섬기고 있으며 영국, 캐나다, 독일, 남아공에서
도 진행되고 있다.

3. 이스라엘 메시아닉 교회

▌ Tents of Mercy Congregation: Kiryat Yam
  » 사역자: Eitan Shishkoff, Avishalom Teklehaimanot
  » 설립: 1995년 디아스포라로 인해 억눌린 삶을 살아온 유대인들의 영적, 육적 회
    복을 위해 설립
  » 규모: 성인 약 250명, 러시아계와 미국계가 주종
  » 사역: 구제와 치유 공동체, 긍휼 사역(고용창출 포함), 선교개척사역, 문서사역,
    라디오와 비디오 전도 사역, 차세대 리더 훈련 프로그램

▌ Shavei Tzion Congregation: Haifa
  » 사역자: Leon & Nina Mazin
  » 설립: 2001년, Tents of Mercy 딸 교회
  » 규모: 약 150명, 러시아계 이주민 중심

» 사역: 오아시스 문서 사역, 홀로코스트 사역, 메시아닉 신학교(HTI), 뮤직스쿨, 교회 개척사역(카자흐스탄, 키르키즈스탄, 우즈베키스탄의 유대인 마을)

| Netzer Ha Galil Congregation: Nazareth

» 사역자: Vakif Chasanov, Mikhael Mazurovsky

» 설립: 2005년 2월, Tents of Mercy 손녀 교회, 나사렛에 처음 세워진 메시아닉 교회

» 사역: 토라 축제 공동체 비전, 키친 수프 사역

| Harvest of Asher Congregation: Akko

» 사역자: Guy & Tali Cohen

» 설립: 2005년 5월, 故 감리엘 아셀 목사 순교 씨앗 교회, 한국인 선교사 가정에서 시작

» 사역: 제자 양육 및 전도사역, 빈민 구호 활동

| Olive Tree Ranch(Moshav Ilaniya): Galilee

» 사역자: David Shishkoff, Orit Shishkoff

» 설립: 2010년 4월

» 사역: 어린이 청소년 사역, 제자 공동체 훈련

4. 글로리아 센터(Gloria Center)

» 사역자: 김요셉, 고**, 김주영, 김주은

» 사역: 복음 전도 사역, 장애우 사역, 언론 사역(미주 복음 방송국)

| 후원 방법

후원계좌(자동이체 신청)

우리은행 1005-401-237025 / 외환은행 630-006012-573, 한인이스라엘 선교회

해외송금 방법(외국에서 후원하는 방법)

1. 외환은행 영문명 / KOREA EXCHANGE BANK

2. 수취인명 / 한인이스라엘선교회(KIM)

3. 계좌번호(Account number) / 630-006012-573

4. 전화번호(Tel) / 82-10-9090-3618

5. 받는 이 주소 / 766-36, #501, Bangbaebon Dong Seocho Ku, Seoul , Korea

6. Bank Code / KOEXKRSE(0055013)

7. Bank Address / 181, 2ka Euljiro Chung Ku, Seoul, Korea

하나님 마음으로 배우는 이스라엘

2017년 3월 15일 제2판 1쇄 발행

발행인 ㅣ 이향숙
감   수 ㅣ 류공석(前 텔아비브 욥바교회, 現 예한교회 담임목사)
펴낸곳 ㅣ KIM출판사
기획 및 편집 ㅣ 박기범, 김성동
교정 및 교열 ㅣ 방수미, 김성기
디자인 ㅣ 디자인브런치 010-2249-1202
주   소 ㅣ 서대문구 연희로 2안길 7-18 303호
전   화 ㅣ (02) 575-1020, 010-9985-2475
등   록 ㅣ ISBN 979-11-955552-4-6 93230
이메일 ㅣ kimission@naver.com
홈페이지 ㅣ http://www.kimission.com
스토리채널 ㅣ https://story.kakao.com/ch/kimission

카카오스토리에서 [한인 이스라엘 선교회]를 검색하여 소식 받기를 신청해주시면 다양한
소식을 전달받으실 수 있습니다

킴교재로 공부하고자 또는 더 알기원하시는 분은 이메일로 글을 남겨주세요